日本人の大切な心

幸せと豊かさの二十九の扉　上巻

辻　孝之助

郁朋社

あなたが明るく幸せな人生を送るために

日々の生活を、楽しく生き生きとしてすごせたら、どんなに素敵なことでしょう。
幸せは、すべての人々の願いです。
そのために、次のことを留意してお話ししていきます。

まず、あなたに最初に、知ってほしいことは、
人生には、心をつかむ舞台が用意されて待っています。
あなたが、原作を書き、その舞台で演出をし、舞台に立ち自由に表現できるのです。
そのわくわくする物語を、創り出す言わば、宝石がこの本にたくさん詰まっています。

次に、〔**人間を根源**〕から観てください。
どなたでも共感を覚え、自然に心に入りやすく、読んでいただけると思います。
そして、
〔**人間はなんて素晴らしいのだろう**〕

と、確認してください。

三番目には、**心理学**を活用しています。
重要な原理は、繰り返し様々な角度からお話ししていきます。
従って、**理解しやすく記憶にもつながります**。
あなたにとって大切なことは、自分の心のあり方を知ることです。
自分の思いを、相手の立場に立ち、相手の気持ちを考え伝えることです。
あなたの実際の日々の生活に、きっと役に立っていただけると確信します。
ぜひ、皆さんと一緒に、楽しみながら身につけてください。
さあ、**幸せの扉**を開きましょう!

はじめに

私が、友人と一緒に、スポーツ学校を開いてから、もう二十数年経ちました。思い起こせば、私の大好きな子供達が大勢いる区立小学校に教えに行ったり、前途有望な青年達の私立専門学校や、実に意欲的な人達の集まる地方のスポーツ協会の指導者達の総数を数えますと、二万人にもなります。

この二万人の方達は、私達の大切な宝物です。

生徒との温かい触れ合いの中で、過ごしている毎日は、心から楽しい日々です。

一人の生徒を、小学校低学年から大学卒業までの十一年間、少年から青年へと成長するのを見守る喜びを味わいました。また、青年期から中年まで二十年間、私と共に、結婚とか子供の誕生等、人生を同じに歩んでいる生徒もいます。喜ばしいことに、多くの生徒は明るく健やかに成長し、幸せな半生を送っています。でも、そうでなく、もっと幸せになって欲しい人もいます。

その人達と、面と向き合ってじっくり話し合ってみると、いくつかの（共通項）があります。

また、話をしていくうちに、本人自身が、（気づく）ことがあります。一緒に、その（項目）と（気づき）を丁寧に掘り下げてゆき原点にたどり着きます。

その一筋の光から、私と一緒に手を取って、ゆっくりと今日まで歩き始めます。時には、立ち止まって自分と周りを見つめることもあります。一歩一歩今日まで、戻ってくると、必ず｛**幸せになる考え方**｝を持つ人に生まれ変わります。


スポーツ学校の構想理念は、本書の｛幸せと豊かさの二十九の扉｝と同じ。

［**自分だけでなく、あなたも、そして多くの人々が幸福になることに貢献する**］です。

また、この春には、サロンに文庫を設けました。これは、一人でも多くの方が［**幸福になること**］を願って創設し、｛**幸せ文庫**｝と名付けられました。

良書二百冊は、皆に、役立ちたいと、キラキラ輝いて待っています。

こんにち、学校があるのは、生徒、会員の協力、地域の方の支え、多くの会社の後援があってこそです。心より感謝しています。

私達の祖先を、人類としての大きな観点でさかのぼると、病気で亡くなった人もいますし、数々の災害、伝染病、戦争で尊い命を失った方もいます。

私達のお父さんやお母さん、また、そのお爺さんやお婆さんが、様々な困難を乗り越えてからこそ、私達の今日があります。

お父さんとお母さんに感謝しましょう。

まず、そこから、全てが始まります。

ご両親もまた、私達が｛**幸せな一生**｝を送って欲しいと心から願っています。

この本を手にしたあなたは、「幸せの第一歩」を踏み出しているのです。

私は、あなたの「幸せな一生」を心から祈っています。

幸せな一生を送るためには四つの大きな要素があります。この要素に沿ってお話ししていきます。

〔上巻〕で、
第一の要素の「幸せになる考え方」を実際にあった話を基に、お話しします。

続いて、第二の要素は「この考え方に基づいた幸せになる言葉と行動」です。日常、何気なく使っている言葉と、そして行動は心を反映します。

〔下巻〕は、
第三の要素の感謝の心です。

第四の要素は「大自然と体育と芸術の調和」です。

誰からも大切にされ、心と体が健康で、大自然に接し、スポーツで汗を流し、音楽を聴き、美しい絵を描く、こんな人間として素晴らしい「幸せな一生」を送るために、第一の要素から第四の要素まで、体系的に完成できるように構成しました。

ではは目次のページに進みましょう。

【日本人の大切な心／目次】

第二章　教えの庭

本書では、〈幸せと豊かさの扉〉と〈人生の教典〉と〈日本人の心の物語〉を、設けました。
＊第一点の〈幸せと豊かさの扉〉は、強調すべきことを、要約しています。
例としてあげると、〈幸せと豊かさの扉〉第二で、
人間は、元々は明るく楽しく生きるように生まれてきたのです。これは、大発見です。

このようにまとめています。

この愛と幸せをもたらす〈幸せと豊かさの扉〉は、上下巻で合わせて二十九項目あります。

鍵は、あなたが、すでに持っています。

ぜひあなたの手で開いてください。

あなたが幸せになると、家族が幸せに、周りの友も幸せに、さらに、世の中の人も幸せにと、幸せの輪が広がっていきます。
＊第二点の、〈人生の教典〉は、上下巻で合わせて十八項目あります。
あなたに〈人生の夢と目的〉を、達成していただくために、わかりやすく話します。ぜひ活用してください。
＊第三点の〈日本人の心の物語〉は、実際に体験した〈心のあるべき姿〉と〈大切なこと〉のお話です。
いわばスポーツ学校の原点であり、本書の源です。

装画／辻　孝之助
装丁／根本比奈子

序章　あなたは、幸せになりたいですか

幸せと豊かさの扉　第一

幸せと豊かさの第一は、全てのものを大切にし、「大自然」と、『すべての人々』に感謝の念を持つこと。

一、人の幸せ

幸せというものを考えると、人は、〈幸せ〉を、別の世界にあるものだと、別の世界に求めようとします。

〈幸せ〉は、あなたの心の中にあります。

心の外に、何か、〈幸せ〉というものがあって、「ああ幸せ」だと、思うのではありません。

もしも、幸せが、自分と別の世界にあるならば、幸せと不幸せが、いつどのようにくるのか、全くわからなくなります。

〈幸せ〉は、あなたの心の中に起きることで、心の感じ方です。

自分の〈幸福〉を決定するのは、自分自身であることがわかると、〈真実の幸福〉を得られます。

わかりやすく言うと、**自分に起きたことを、〈幸福〉と、とらえるか〈不幸〉だと、とらえるかは、あなた自身だということ、幸福は、あなたの足元にあります。**

これらのことを根底に置いて、以下の話を聞いてください。

二、感謝の念

「あなたは、幸せになりたいですか？」

と、聞かれて
「はい、幸せになりたいです」

と、ほぼ九十九％の人が、こう答えます。

この本のタイトルも『**日本人の大切な心　～幸せと豊かさの二十九の扉～**』です。

幸福とは〔望んでいることが、充分に恵まれ、心地よい感情に満ち溢れている〕ということです。

どなたでも、幸せな一生を送りたいと願っています。

その幸福の状態を、もたらすには、幸福の扉を開ける鍵が必要です。

幸福の鍵の一つは、次の三項目に感謝の念を持つこと。

第一番目の鍵は、**大自然**。

第二番目の鍵は、**全ての人々**。

第三番目の鍵は、**あらゆるもの**。

では、あなたと一緒に、詳しく観ていきます。

○まず、第一番目 は、｛大自然｝です。

最初に身近な自然から。

季節に彩りを添えてくれる美しい花を愛でて感動し、心を豊かにしてくれました。

「きれいなお花よ、**どうもありがとう**」

そして、次に、森や山の懐に抱かれてみましょう。そこに、広がる雄大な自然に身を置いてください。山から走り下る川や、あくまで澄んだ湖と一体になってください。

今度は、広い海原に行きましょう。ただ、ただ、行ったり来たりの潮の満ち引きを見つめましょう。

そして、眼の前に、大きく広がる青空を見上げましょう。

このように感謝の念を、段々と大自然に広げていきます。

風が、吹いたり、雨が降ったりすると、

「今日は、いやな天気ですね」

と、一般的には、否定的な言葉になりますが、ここで、考え方を切りかえてみます。

まずあなたが、いくら｛いやだ｝と思っても、雨は降ります。そして、ずっと、これから先、長い将来的にも、雨は降るのです。

それならば、いっそのこと考え方を変えて、曇りも、雨模様も、風もみんな、皆、友達にしちゃいましょう。

まず、最初に、心にゆとりを持ちましょう。

そして、自分自身をゆったりとした大きな流れに身を置きます。

その気持ちで、もう一度空を見上げます。

そうすると、天からの雨も、〔**ありがたい**〕という心境になってきます。

雨が大地を潤し、草花が、見違えるように生き生きとしてきます。その様を観て、思わず、

（雨っていいなあ、雨よ、**ありがとう**）

と、言いたくなります。

さらに、
雨の音
風の声
虚心で感じると、深い感動を覚え、自分の体全体と、大自然との区別が無くなり、一体となります。

言わば、**大自然と本当に触れ合う、この上ない至高の喜びを感じます。**

○次に、第二番目の「全ての人々」です。
まず、家族です。次に先生、先輩、そして、友人、というように段々と、感謝の「どうもありがとう」の輪を広げていきましょう。

そうすると、毎日毎日が、明るく楽しくなります。

○第三番目の〔あらゆるものに感謝する〕です。

例えば、最初に、身近な〈本〉を取り上げます。

人が、一生で経験できることは、限られます。本を通じて偉人とも交流でき、また、普通の生活ではとても会えない珍しい人とも、知り合いになれます。本は、私達にとって大切な人生の教典です。

私達は、〈本〉があるからこそ、時代を超え、歴史上の人物の考えに接することができます。

さらに、国を超え、文化や、芸術や、世界のあらゆる人々の素晴らしいことを得ることもできるのです。

(本よ、どうもありがとう。おかげで、様々なことを知ることができました)

あなたが、このようにものに感謝し大切にすると、そのものは、あなたに応えて、深く幅広く役に立ってきます。

さらに、大自然と、全ての人々に感謝の念を持つことです。

次の言葉を言ってみてください。

〈どうもありがとうございます。感謝します〉

いかがですか、自然と幸福感に満ちてくると思います。

○幸せになって欲しい人

同じ状況に対して、肯定的に感謝を感じられる人と、悲観的で、不満を持ってしまう人がいます。

人は、多くの感謝を持つと、それだけ心の中が満ち足り、多くの満足感が得られます。

その人は、幸せで心地よい気持ちになれます。

あなたの人生には、数多くの舞台が用意されています。その中で、様々な場面に出会います。

その場面、場面で、〔**幸せで心地よい気持ち**〕**を多く持てるのと心地よくない気持ちを多く持ってしまう**と、では、長い人生でとてつもなく差がつきます。

それならば、人生の様々な場面で、〔**肯定的で感謝を感じられ、幸せで心地よい気持ちを持てる人生**〕の方がいいです。

第一章〔幸せになる考え方〕から、お話を聞いていただければ、どなたでも必ず「幸せになれる」ということです。

ご年輩の方でも、若い人でも、どの職業の人でも、少しだけ心がければ、〔幸せな人生〕を歩めます。

◆人生の教典　第一

○素晴らしい人に出会う真理

幸せと豊かな人生を送るためには、素晴らしい人に出会い交流を深めること。
光輝く一流の本物の人の人柄に触れて、本物を見る眼を、しっかりと養うことが大切。
さらに、本物を知ると、長い人生において、高い基準で物事を判断できるようになる。

一流の人、本物の人の特質の中で、特に、二つを取り上げて話します。

一番目の話。

本物の人は、本物を見極める眼が極めて正確。

一人の本物の人に出会い交流を深めると、さらに、多くの本物の人に出会うことができ、交流の輪が広がっていきます。自然と広い大きな舞台に上れ、自分を高めていけます。

人は、他人に良く思われたいので、人格者ぶり、知識は豊富だとばかりひけらかします。つまり自分は一流なのだと見せたがります。極端な例では、マスコミを利用し多くの人を偽りだます人もいます。

しかし本物の一流の人は、偽物の一流を正確に見抜きます。


二番目の話。

本物の人は、人の小さな変化をきちんと観ていること。

顔の表情、身のこなし、立ち姿、歩き方、言葉、心の変化から、その人を観ることができます。

それは、変化からその人の、表面からは、観えない現状の裏面まで見抜きます。

○もう一つあなたに心がけてほしいのは、本物の上質な品物を持つこと

一流品は、創業から、百年以上というのが普通です。

「この品は、祖父も愛用していた品と同じ会社の物です」

というように、一流品は、永い間多くの人に愛され、大切にされてきました。その間人々に、こういうふうにしたらとか、ここを変えるとさらに良くなると、貴重な意見を反映し、洗練してきました。いわば人々の愛情と激励が、一流品まで押し上げてくれたということです。

人間は、身近な身の回り品に影響されやすいです。

私は、毎日手に持って使う万年筆を、上質な物にしています。

上質の万年筆を使うようになると、書くのが楽しくなります。

例えば、親切にしてくださった方に、電話で済ませず、万年筆で礼状をすぐに書きたくなります。今の時代パソコンで印字された文書が多いので、そこに、｛手書きの封書で、丁寧にお礼をしてくると、礼儀正しい人だと、印象が良くなります｝

私は、別々な会社の物を四本持っていて、ペン先を各々極細字、細字、中字、太字と、目的に合わせて使い分けています。色も、ブラック、ブルーブラック、ブルー、レッド、と四色使い分けています。あなたが、読んでいるこの原稿も、元原稿は、これらの万年筆でスラスラと書き上げました。｛本当です！｝

これらの上質の万年筆は、手にした時の握りやすさ、手に負担のかからない設計は見事なものです。

書き始めれば、用紙に、しっくり合います。

筆は、流れるように軽やかに運びます。

書く時の喜び、素晴らしさを感じさせます。

一流品の価値を知ることは、幸せで豊かな人生を送るために、とても重要なことです。

第一章　幸せになる考え方

第一節　考え方

幸せと豊かさの扉　第二

人間は、
元々は、明るく楽しく生きるように生まれてきた。

一、日本人の心の物語　第一話　おおきな雲とちいさな雲

東の諏訪神社の上空に、数十羽の鳩が、右回りに上に行ったり下に行ったり、しきりに旋回していた。西の方を振り返ると、神田川の水面には、桜の花びらが一面に浮かび雅やかな夢幻の世界を広げ、白鳥橋の袂の人達を楽しませてくれている。

スポーツ学校のコートのドアーを、〔ガタン〕と勢いよく開けて、和也君が元気に走ってくる。

幼稚園で言えば年中組の四歳になる。

和也君は、太陽みたいに明るく、とても人なつこい子。

思わず微笑みながら、

「はい、和也君、今日は」

「こんにちは」

と、大きな元気な声が返ってくる。

クラスが始まる時間には、まだ二十分ぐらい余裕がある。

しばらく、コートの真ん中で、空を見上げて遊んでいるなと思っていたら、近寄ってきた。

「せんせい、なにしているの」

きれいな瞳で、真っ直ぐに見上げている。

「和也君の、クラスの道具をきれいにしているの」

「ねえ、せんせい、せんせい、こっちへきて」

と、手をつないでくる。

私を、青空の良く見える所まで、ぐいぐい引っ張っていき、空を見上げて指をさした。

「ほら、みてあそこの、おおきなくも、せんせいだよ」

「えっ、どれ、ああ、あれか」

「となりの、あのちいさなくも、ぼくだよ。そのしたのちゅうくらいのくもが、ぼくのおねえさん」

何か、心の中が、温かくなってくるのが感じられてきた。

「ああ、本当だね。和也君は、良く観えるね」

と言うのが精一杯。

「うん、せんせいと、おそらで、あそんでいるんだよ」

「あれ和也君、皆の雲が、ほら、西の方に動いていくよ」

「せんせい、みんなで、いっしょに、おでかけするんだね」

私は、小さな声で、

「和也君」

と言いながら、ひざを曲げて低くなり、肩を抱きしめた。

キラキラ輝いている眼を見つめていると、思わず涙がこぼれた。

二、日本人の心の物語　第二話　金色の光

春の夕暮れの陽が、学校のハウスの中を、柔らかく包んでいる。

ここは、日本の首都東京の、そうそう皆が、良く知っている東京ドームに近い私達の、学校の一日が終わろうとしている。

私は、カウンターの所で、今、終わったばかりのクラスの出席簿の整理をしていた。

幼稚園年長組の、六歳の女の子の真央ちゃんが、近づいてきて、

「先生、あやちゃんのお耳に、いつも、何をつけているの」

「綾乃ちゃんは、お耳が良く聞こえないから、補聴器というのを付けて、良く聞こえるようにしているんだよ」

「ほちょうき。いいなあ、私もつけたい」

「真央ちゃんは、面白いことを言うね」

キョトンとした顔をしている。

「真央ちゃんね、補聴器と言うのは、綾乃ちゃんが、お父さんやお母さんのお話を聞いたり、お友達とお話できるように、特別の仕掛けがある道具だね」

「ふーん、あやちゃんのために、神様がくださったの」

すると、**ひとところに金色の光が浮かんだ。**

子供は、素晴らしい。

子供の中には、「広い世界」があります。大人になるうちに、私達はいつしかこの「広い世界」をどこかに置いてきてしまいます。


第一話の「おおきな雲」は、大人は、雲を観ても、とても「せんせいと、ぼくが、おそらで、あそんでいる」なんて考えつきません。

第一、大人は、この頃は空を、見上げることさえしないと思います。

第二話の「金色の光」は、大人は、補聴器を付けている人を見かけたら「耳が良く聞こえないのか、かわいそうに」とか「わずらわしいだろうな」と否定的に考えます。

しかし、子供は、

「いいなあ、わたしもつけてみたい」

と、思います。とても大人には、考えつきません。

さらに、私の話を聞いて、

「**きっと、神様が、あやちゃんの為に、くださった**」

とも思います。何て子供は、素晴らしいのでしょう。

幸せと豊かさの扉　第三

子供の心の中には、神のごとき純真性があり、
純真な心は、大人の心をとらえ、
子供の心は、大人の内側の善なる心を、
引き出し幸福に導いてくれる。

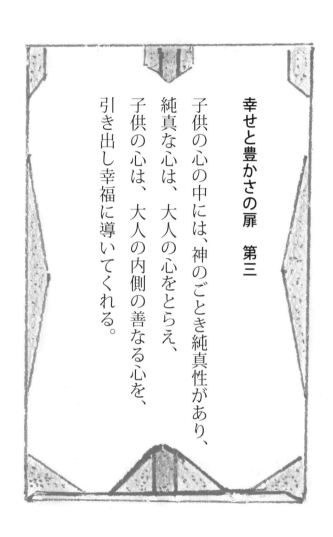

大人は、子供と親しく接する機会をもっと持ちましょう。本当は、自分の子供を育てるのが一番ですが、そうでない人は、近所の公園に行って子供と遊びましょう。子供は、あなたを、きっと、大歓迎します。

そうは言っても、今の子供は、親から、誠に残念なことに、

「知らない人に声を掛けられてもむやみに親しくなるな」

と、教えられています。

いきなり、子供に〈人を信じるな〉は、非常に残念ですが。

大人の方から無理に、近寄るのではなく、子供の方から自然に、近づかせるのがコツです。

また、親戚の子供が来た時に、面倒がらずにトランプ遊びを一緒にするのもいいです。子供は、勝ち負けがつくゲーム等をするとわかりやすく性格が出ます。中には、勝ちたいあまり、ずるをする子供もいます。あなたのその時の、対応の仕方が自己分析につながります。子供を導く過程で、逆にあなた自身を見つめることになります。子供を正しい方向に導いていくと、あなたが、正しい道から曲がり始めたとしても、それに気づき軌道修正につながります。また、真っ直ぐに生きている人は自己確認になります。

子供と接すると多くの発見があり、また、感じることがたくさんあります。子供は、何でも遊びにします。大人は、目的地に行くのに、ただ行って着くことしか考えません。子供は、どこに行くのでも遊びにします。高い所に登ったり、飛び降りる、かくれんぼをする、それは、もうにぎやかです。

普通は、面白くもない歯磨きですら、じっとしていないで動き回ったり、足を組んだり、楽しい遊

びにします。かと思うと、今度は、子供が、一人二役になり、

「亜優ちゃん、一緒に絵本を読んであげようね」

「うん、きのうの、つづきを読んで」

と、自分が母親役になったり、子供役になったりして、何十分も一人芝居をしています。

また、頼まれなくても勝手に踊ったり、楽しそうに歌ったりしています。そうするうちに今度は、

「おかあさん、がようしと、いろえんぴつちょうだい」

と言って、絵を描き始めたりもします。

人間は、元々は、明るく楽しく生きるように生まれてきたのです。

これは大発見です。

人は、それを大人になる過程で、忘れてしまったり、わざと捨てたりしてきたのです。

「人が生きる」ということは大変なことです。苦労も多いですし、つらいことや、苦しいこともあります。

でも、人生の過程のいくつかの場面で、子供心を入れてみると、随分余裕がある楽しい歩み方ができます。こんな「純粋性」と「とてつもなく広い世界」を持った子供心はどこから来たのでしょうか。

（負うた子に教えられて浅瀬を渡る）

と、言います。

これは、川を渡る時、子供を背負って渡り、上で、様子がわかる子供に教えてもらうこともあるという意から来ています。一人前でない相手からでも、物を、教えられるのだという意味です。

このことは、

〔自然の美しさを知る、大自然の哲理を学ぶ、自分以外の人は、皆、師である〕

と、私は考えていますが、それと同じことを言っていると、解釈しています。

私の方を、見上げた子供の瞳をじっと見つめると、〔何て子供の瞳は純真なのだろう〕と思います。

〔子供だから。どうせわかりゃしない〕

などと、決して思わないでください。確かに子供は、知識は足りないです。

しかし、子供の**直観力**は、大人よりもはるかに優れているのです。

私も、ここ数年は、私共の学校に通ってくる親と子供を観ていると、この家族は、どういう生活を送っているのか、わかるようになってきました。

夫婦関係が、ぎくしゃくして不調和な両親の子供は、残念ながら、心を閉ざし、暗く、礼儀正しくもなく、率直ではありません。

さらに、両親の関係が、決定的に悪い方向になってしまった子供は、子供同士の関係の時でも、相手の小さな非を、許そうとはしません。攻撃的な言葉で、徹底的に相手を非難します。

結局、子供は、両親が決定的に悪くなってしまった過程を、良く観ているのです。

両親が、相手の小さな欠点や、小さな失敗を、許さない言動を良く観ていて、子供も、同じように行動しているのです。

〔子はかすがい〕

と言います。「忙しい」「疲れている」なんて言わずに、今度、ゆっくりと子供と遊んでください。

何も考えずに、心を、子供に全面的にゆだねてください。

あなたの心は、それはもう、ゆっくりと溶けていき、幸福感に満ちてきます。

夫婦円満で、子供を暖かい愛情で包み込み、しっかり教育している家族の子供は、礼儀正しく、明るく率直で、子供同士の交流も豊かにできる子に育っています。

子供の心の中には神のごとき純真性があり、子供の心は、大人の心をとらえていきます。子供の心が大人の内側の善なる心を、引き出してくれ、幸福へと導いてくれます。

・ここで第一節をまとめましょう。
「**幸せになる考え方**」は、次の三つが原理です。

全てが、ここから出発しています。
①**子供の心の中には、きっと神や仏が宿っているのだと思います。**
②**人は、誰もが純真な心を持って生まれてきたのです。**
③**人は、大自然の一員であるという謙虚さを持つべきです。**

第二節　良き師、良き人

幸せと豊かさの扉　第四

人は、本質的に学ぶようにできている。
その証しに、学ぶと爽快になり、充実感がある。
人は、古代からそうやって一つ一つ知恵を身につけ、次の世代に受け継いできた。

一、日本人の心の物語　第三話　おもしろい

平成二十八年三月、春を思わせる少しいい陽気になった。江戸の香りが残る神楽坂の練習場に下見に出かけた、冬の重たさと違って、街がどこか明るく見える。

東京の文京区の伝通院、安藤坂を下りて白鳥橋を渡り、新宿区の新小川町、白銀町の住宅地に入った。

丘の上から見渡すと、向こう側の家のお庭の低い木に、桃の花が爛漫と咲き誇っている。

それはもう庭一面に、平安の世の美女が浮かびあがっていて、花の香りまで、こちらに漂ってくる。

そこだけ、夢の世界のようだった。

少し下ってから、同じ白銀町の先の小さな十坪くらいの敷地で、住宅を建てる為に、地面を掘っていた。二人の職人が、重機などは使わずに、つるはしとスコップで掘り進めている。多分、道が狭いので機械が入らないのだろう。

すると、横の道に、小学一年生くらいの男の子が、ランドセルを背負ったままで身じろぎもせず、じっと工事を見いっている。

私は、子供の顔を見ながら「何が、面白いのかな」と思いつつ後ろを通りすぎて神楽坂へ向かった。

………

下見が終わった帰り道、同じ所に戻ったら、何と、男の子がまだ食い入るように、職人の作業を観

ている。神楽坂の練習場へ行ってここに戻る間の時間は、二十分ぐらい。しかも、最初に見た時は、しっかり見入った態勢になっていたので、二十分以上はそこにいたはず。思わず声をかけたくなって、

「ずいぶん長く見ているね、面白い」

えッ、と言うような顔を向け、少し、間が空いてから、

「うん、おもしろい」

「ふ〜ん、どこが面白いのかな」

「うん、土をほると、また、ちがう土が出てくるの」

「ほう、確かに、こげ茶の土や茶色の土が混ざっているね。それに下の方は、石ころが多くて質が違うね」

「ほら、あそこの奥までほるんだよ」

私の言ったことには反応しないで、別の興味に、移るのはいかにも子供らしいと思いつつ、

「へ〜え、良くわかるね」

「だって、こっちのときもそうやってたもの」

「じゃ、またね。お母さん心配するから早く帰るのだよ、さようなら」

「さよなら」

と、別れました。

子供は、

「地面を掘ると、さらに下の地面はどうなっているのかな」

「奥へ掘り進めると、先はどうなっているのかな」と、興味津々です。あらゆる現象に関心を持ち、好奇心が旺盛です。

大人は、建築の工事現場に出くわしても、〈ああ、やっているな〉で、多くの大人は、通り過ぎてしまいます。


本来、人は、大自然のあらゆることに関心があり、興味が惹かれるようにできています。

学びの源は好奇心です。発明、発見した偉人達の共通項は、好奇心です。

道のことに対して素朴に、

〈これはどうなっているのか〉、〈この先をもっと知りたい〉という好奇心が誰よりも旺盛で、知りたいという気持ちが起きると矢も盾もたまらず、他のことは放り出してもそのことに当たった。

このわくわくした気持ちが根源で行動力へとさらには、学問への探求心へとつながっていくのです。


あなたも、興味をひかれることが出てきたらそのままにしないで学びましょう。いかがですか、わからないことが出てきて、それを、辞書とか百科事典で調べてみて、わかると、とても気持ちが良いですね。また、講習会などを受けて、修了すると充実感があります。

あっ、そうでした、忘れていました。

私は、本書をいかにもあなたに話しかけるように書いています。

◆人生の教典　第二

人と人とのコミュニケーションの方法として手紙、電話、メール等がある。

最も良い方法は、その人と会って、相手の顔を見て、じっくりと話し合うこと。

よく恥ずかしいとか、顔見ると言いづらい、とかの理由で、手紙とかメールにするが、逆で、
自分の本当の真意を、相手に伝えたければ、会って話すのが一番良い。

重要なこと、頼み事、相談事などは、一対一で、相手の目を真っ直ぐ見て話をすること。


従って、私も、あなたに、一対一で話しかけているかのように書いています。

では、次の話です。

二、気づき　その一

(一) 私自身のこと

本書の「はじめに」で、二十数年前に、友達とスポーツ学校を開きました。と、お話ししました。

その創設時の構想理念は、
［**自分だけでなく、あなたも、そして多くの人達が、幸福になることに貢献する**］
それは、本書の「**幸せと豊かさの扉**」と、同じです。
それを聞くと、いかにも創設して二十数年間順調に運営してきて、その集大成としてあなたにお話ししています。チャン、チャン、と実にきれいに聞こえます。
正直言いまして、実際は違います。

私の恥ずかしい物語　第一話

昭和六十二年。とても、恥ずかしいので、焦点をぼかす意味で、先に、その時代の社会の話を。

この年、土地の値段が高騰し始め、株価も高騰しだした。実態とかけ離れた、いわゆるバブル経済の始まりだった。その年の十一月には、竹下登内閣が成立した。

さて、物語の場所は、新宿から小田急線沿いの住宅地、神奈川県の百合ヶ丘。

主人公は、五十二歳の男性。

男性は、熱心で、まじめな生徒さん。しかも、私共のスポーツ学校を、とても良く思ってくれていて、事あるごとに、皆の前で私達の学校の良さを誉めてくれた。男性の技術は上級者だったので、効果的な発言だった。

私と、授業が終わってから、スポーツの話とか、時々の色々な世間話をごく気軽にしてから帰ることが多かった。私は、その頃は、大人の男の人は少なかったので、話をするのがとても面白かった。

また、皆のことも、とても良く考えてくれていた。

ある日のこと、男性が勤めている会社で新しく開発した、面白い製品のサンプルを持ってきてくれ、皆で遊ばせてくれた。そのことで、和気あいあいの雰囲気を作ってくれて、とても有難かった。

ところが、暑かったり寒かったりが交互に来る、初秋の頃。

その男性が、私に少し重い調子で、

「先生、えー、今度、私、……病気で入院しますので、しばらくお休みさせていただきます」

私は、

「それは、大変ですね。でもあの大学病院は、とても評判が良いですから安心ですよ。早く良くなってまた、学校に来てください」

と言ったが、その男性は、言いようのないさびしそうな表情を見せて無言。

私が、今までの半生の中で一度も見たこともない、初めての顔だった。

その男性が、お休みをして一ヵ月たち、各地で紅葉の便りが聞こえる頃だった。

男性は、夕方、一人で学校に来たが、どういうわけか、遠くの方の駐車場から練習を見ているだけで、こちらの方に来ない……。

私は、気づいていたのだが、レッスンをしていたので、その場から離れられなかった。おそらく、何か、話をしたかったのだろうが、しばらく、たたずんでいて、気がついた時には消えていた。

すると、西の丘の上の方から、次第に黒い雲が現れ、段々と学校の上空まで広がっていった。

…………

それから、さらに、三ヵ月がたち、寒さが、一段と厳しくなった頃、思いもかけないことが起こった。

男性は、誠に残念ながら、病院で入院中、帰らぬ人になった。

…………

後から聞いてわかったことだが、病気は、末期のがんだった。

本人は、私に最初に、

「先生、今度、私、……病気で、入院します。しばらくお休みさせていただきます」

と話した時、自分の余命は、後数《あと》ヵ月だということを薄々知っていたとのこと。

私は、そのことを全く知らずに、結果的には、誠実さのない、ただ体裁を整えただけの返事をしてしまった。

本人にしてみれば、何て、適当な返事をする先生だと思ったことだろう。

思い起こせば、一ヵ月後、遠くの方の駐車場から、私を見ていたのは、最後のお別れだった。

私は、レッスン中であっても、他の指導者と代わり、近寄って声をかけるべきだったと、悔やまれる。

「誠に、申し訳なく心から謝ります。本当に、ごめんなさい」

私は、相手のことを一所懸命考えたのか、最善を尽くしたのか、自分に問いかけ本当に反省をした。

まだ、恥ずかしい話があるのです。

私の恥ずかしい物語　第二話

第二話は、昭和六十三年の秋、場所は東京の都営三田線で大手町から二十六分の板橋。

一、

主人公は、竹田真君で、男子中学に通っている三年生の男の子。運動神経が良く、スポーツは上手い。同じクラスの中では、実力は、一、二を争うくらい。しかし、中学生の大会に出ると、良くても二回戦までで、上位には進出できない。自分の試合のやり方を固持して、変えようとはしない。そのスタイルは、世界の一流レベルの選手だからこそやれることで、中学生が、それをまねても到底無理なこと。

本人に云わせれば、

〔このやり方でやっていれば、今は、たまたま負けていても将来的には、勝てるようになる〕

という考え。

また、人と、うまく交流ができない。団体行動が苦手で、いつも遅れを取ってしまう。

例えば、私達の学校の授業が終わった後片づけの時も、人の動きを見て、判断をして自分のやるべきことをやればいいのだが、自分は何をこの時はやればいいのかわからないので、やれずに立っている。

クラスの他の生徒から観れば、〔さぼっている〕としか見えないので、やっていないことを強く指摘される。

そうするとむきになり、結果、いつも口論になってしまう。

竹田真君は、中学校でも、友達とあまり上手くいっていない。

私達の学校には、小学校の三年生から来ているので、ここに来ることは、とても楽しいことのようだし、私達先生には、素直な自分を見せるし、一対一で、じっくり話をすると良い所がたくさん見えてくる。

私にも、お父さんから、この前の中間試験の成績が良かったので、ゲームの何とかを買ってもらったと嬉しそうに話をしたりする。〔私にはゲームの何々と言われても、ワカリマセン〕

正直言うと、とても可愛い。性格の不安定さが、またいいのかも。

男の子は、両親とも比較的歳とってできた待望の子で、一人っ子だし、とても可愛がり大事に育て過ぎたと言える。事実、大人とはうまく交流できるが、同世代とはぶつかってしまう。中学校でもなかなか良い友達ができず、両親が心配して、私の所に相談に来たことがあった。私も気になっていたので、

①**この年代の男の子のこと。**

②**両親が歳とってできた子供であること。**

③**一人っ子のこと。**

を分析して、優しく傷つけないように話をした。

私の口から言うのは恥ずかしいが、きっと、両親から見ると一人息子を、先生が、こんなに理解して良く思ってくれていることが嬉しかったのだと思う。

一般的に親は、自分の子供のことになると、見えなくなるものだが、両親は冷静に良く理解をしてくれた。

この良い方向に行ったことが、真君にも伝わり、私と真君は、より親密になり、前にも増して学校の出来事や、友達のことを話すようになった。少しずつだったが、友達ともうまくいくようになった。

………

昭和六十四年一月七日、天皇陛下が崩御され、年号は平成となった。

二月、竹田君の父親の事業が順調に伸び、仕事場を兼ねる自宅が手狭になり、もっと大きな家に引っ越しをすることになった。

学校とお別れとなり真君が、あいさつに来た。

「僕、本当は、この学校好きだしやめたくないんだけど、お父さんが、今度の家から遠くなるから、通うのは無理だと言うから、仕方なく……」

少し間が空いてから、

「先生のことも、この学校のことも忘れません。先生、長い間ありがとうございました」

私は、真君が、こういう時に一人で、きちんと挨拶にできるようになったことが、とても嬉しく、笑みを浮かべて。

「真君、困ったことがあったら、先生、以前のように相談に乗るから、いつでも来なさい」

すると、しばらく沈黙の後、意外なことが起きた。

真君は、目に涙をうっすらと浮かべ、

「先生、……本当に僕が、ここをやめても、僕のことを考えて話を聞いてくれる」

「本当に、僕と話をしてくれますか？」

私は、自分の本心を見透かされて、少し、たじたじとなった。

「いや、それは、勿論だよ」

と言うのが精一杯。

私の本心を言えば、学校をやめた生徒の相談に乗るのは面倒だ。真君が、大人に成長をしたのが嬉しくつい調子のいいことを言ってしまったのである。

真君は、私のうわべだけの表現を見抜いたのだろう。あるいは、今まで、真君の相談に乗った先生方も誠実さのない対応をしてきたのかもしれない。

二、

そんなことがあった翌日、京都に居る、若い頃からの長い付き合いの友達の小田が、東京の本社に出張で上京してきた。

夜、東京駅から丸の内のパレスホテルまで向かう途中、今年一番の寒波がやってきて、行き交う人も皆、コートの襟を立てて肩をすくめて歩いている。

小田の宿泊先は、会社の近くの九段下の九段会館だが、二人ともパレスが好きで、小田が、東京に居た頃も、よくここを使っていたので、迷うことなく、すぐに、ここで会うことに決まった。

ホテルの皇居側の正面から入った。カウンターの前を通り奥のティールームに小田が、煙草を如何にも、うまそうにくゆらせて待っていた。

古典的な重厚な造りの建物と、従業員の丁寧なもてなしが二人とも好きで、ここに来ると、とても気持ちが落ち着く。また、仕事上でも私達のスポーツ学校と提携していて、宿泊客が、私達のスポーツ学校に来て練習することもある。

紅茶を飲んで温まったところで、エレベーターでゆっくりと上り、八階のお堀が見えるレストランに入った。

大好きなラムチョップを食べながら、早速、昨日の出来事を話した。

すると、小田は、せっかくのラムが、まずくなるようなことを、言い始めた。

「お前は、まだまだだよ」

と、落ち込んでいる私を、さらに落とす口ぶりで話を続ける。

「お前さ、川口さん知っているだろ」

と、私と、小田と共通の知り合いの、川口さんの話をしだした。

川口さんは、高校の先生をしていて、年は、三十代後半になる。

幸せと豊かさの扉　第五　川口先生の言葉

私は、お前がどこに居ようと、どんなことをしようと、
生きていてくれる、そのことが嬉しい。
人は、一人では生きていけない。
人は、自分を必要としてくれる人がいるからこそ、生きていけ、そこに喜びを見いだせる。

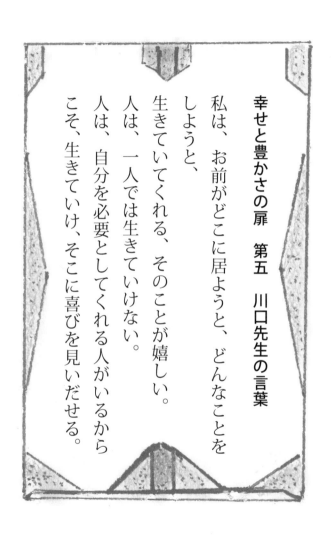

三、

川口さんは、高校の野球部の監督もしている。

ある年の春に、新入生で小柄だが、攻守走そろった有望選手の藤田君が、内野で入部してきた。すぐにでも、レギュラーになれると部員皆が期待していた。

ところが、夏休みの終わり頃、バイクに乗っていて事故を起こし、左足複雑骨折と、右足親指切断という重傷を負ってしまった。

野球はおろか、日常生活でも、足を引きずって歩くようになってしまった。お医者さんの話では、運動は無理だし、一生片足は、元には戻らないだろうという、厳し過ぎる宣告をを受けた。

体育の授業は見学になった。元々、野球に限らず何の運動をやらせてもうまく、運動能力は非常に高かった。本人にしてみれば、大好きな野球はできなくなり、体育の時間は見学で、だめ押しで足を引きずって歩くという屈辱的な自分の姿だった。

藤田君は、段々と授業にも身が入らなくなり、遅刻が多くなり、沿線の遊び場に出入りが多くなってきた。

生活も荒み始め、警察にも数回補導され、遂には高校も退学させられた。

藤田君は、退学した後、定職を持たず、遊び呆けていた。

すさんだ生活が続き、しまいには、十七歳で、窃盗で少年院に入ってしまった。

退院してから、先生の川口さんは、藤田君の将来を心配して、高校に出入りをしていた業者に職人として就職の世話をした。

京都の和菓子屋さんで、高校の式典の時の贈答用として業者をよく利用していた。

和菓子屋さんの親方と奥さんは、他の職人と分け隔てなく親切にしてくれた。

始めの三ヵ月は、皆とも上手くいってるようにみえたが、しかし、藤田君が少年院上がりということが他の職人にわかってしまい、先輩から、陰湿ないじめが始まった。

ある日、藤田君が帰ろうとした時、履いてきた革靴が無くなっていた。奥さんも一緒に探してくれたが、いくら探しても見つからず、結局、親方の靴を借りて帰った。

翌朝、何と台所の生ごみ入れに、放り込んであったのが見つかった。

川口先生が、就職祝にと買ってくれた新しい革靴が、台無しになってしまった。

数日後、先生の所に藤田君は、悔しそうな顔であやまりに来た。

「先生が、せっかく買ってくださった靴を台無しにしてしまって、すいません」

と、やっと言った。

「世の中の人は、異質な人に対し自分を守ろうとして排他的になる。一日、一日、積み重ねて理解してもらうしかない。もう少し辛抱しなさい」

と諭した。

しかし、一週間後に信じられないことが起こる。

藤田君が、夜、仕事が終わり職人の更衣室に入ると、着てきたブルゾンがズタズタに切り裂かれ床に放り出されていた。それを見た藤田君は、何も言わずそのまま店を出ていってしまう。

その後、行方不明となり、先生にも、全く連絡がなかった。

数年たった時、藤田君から先生に、突然手紙が来る。

藤田君は、もう、二十歳を数年まわっていた。

手紙には、覚せい剤取締法違反で刑務所に入ることになった。以前にも、覚せい剤取締法を犯して、今度が二度目なので、執行猶予は付かなかった。

「先生ごめんなさい。遂に、僕は刑務所に入ることになってしまいました。……でも、先生の家からは遠いから、面会に来ないでください」

とのことだった。

川口さんは、いてもたってもいられず、
寒風が、吹き付ける北陸の刑務所に面会に行った。

「先生」

「お前は、」

「先生が、本当に来てくれたんだ。俺、…………」

「先生、何で俺なんかのことを、…………」

「何で、俺なんかのことを、良くしてくれるのですか？」

「私はなあ、お前がいるからこそ生きていることを、実感できるのだよ。お前が私に生きる意味を教えてくれてるのだよ」

「先生、」

「お前は、高校を退学させられ、少年院に入り、仕事をまじめにやろうとすればはじかれ、結局ここに入ることになった。お前は、恐らく、世の中の邪魔者と思っているだろうが、それは違うぞ」

藤田は、困惑の表情を見せている。

「お前は、私が面会に来たということだけで、喜んでくれているではないか。そして、私に、心を開いてくれる。私はお前がどこに居ようと、どんなことをしようと、生きていてくれる、そのことが嬉しいのだよ」

藤田は、真っ直ぐに先生の顔を見ている。

「人は、一人では生きていけない。私は、私を必要としてくれ人がいるからこそ生きていけ、そこに喜びを見いだせるのだよ」

藤田の顔は、あの野球に夢中だった、少年時代の頃の顔だった。

四、

小田は、私に、さらに物知り顔で続けて、

「少年院に入った人の四割は、二十歳を過ぎてまた、何らかの犯罪を犯すんだよ」

小田の話は、続く。

「結局、少年院を出た人は、学歴が無いし、職業の技能の面でも持っていないので、安定した仕事につくのが大変なんだよ」

やっと、私の番が来て、

「しかし、川口さんの教え子は恵まれているのではないか、面会に来てくれた回数の多い人は、再犯率が低くなる傾向があるんだよ」
「それは、親とか、親族が来てくれた場合の話だろ」
「でも、私からあまり言いたくないけど、藤田君にとって川口先生は、もう親と言ってもいいくらいの人物だよ。それに、川口さんのことだから藤田君出所の時、親代わりにきっと迎えに行くよ」

この時、私と、小田が会った、この古典的なパレスホテルは、惜しまれながらも取り壊され、平成二十四年の五月十七日に高層ビルになり、事務所フロアーも加わり、丸の内でありながら、広大な緑の中に立つホテルとして、生まれ変わった。

人々の喜びや、ある時は悲しみの人生の、数々の舞台となり、将来に渡り、輝いていくことだろう。

ちなみに、昭和六十二年の〔私の恥ずかしい物語　第一話〕の年に始まったバブル経済は、この年の平成元年十二月をピークに、株式相場は、私の周りの主婦の人達をも、巻き込み下落し始め、続いて、土地の値段も、少し遅れて下がり始め、バブル経済は破綻し、景気は冷え込んでいった。

三、気づき　その二

幸せと豊かさの扉　第六

あなたの師は、大自然の一切のこと。
あなたと性格が、合わない人でも師となり得る。

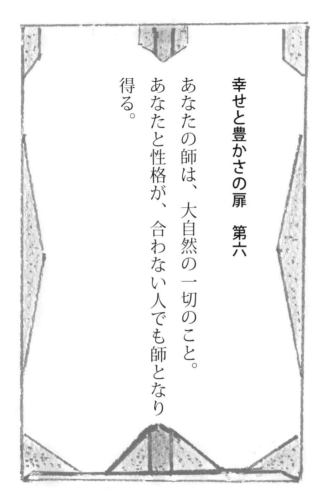

心理テスト

最初に、心理テストをしましょう。

いいですか？　少し難しいですよ。

〔小林君は、弟と一緒に買い物に出かけた。

最初の店で、小林君は三百円の買い物をして、弟は二百円の買い物をした。次の店で、小林君は四百円の買い物をして、弟は二百円の品を買った。次の店で、小林君は、五百円の買い物をして、弟は三百円の品を買った。次の店で、小林君は、二百円の買い物をして、弟も二百円使った。次の店で、小林君は、三百円使って、弟も三百円使った。〕

さて問題です。小林君と弟は、いくつ店を回りましたか？

小林君は、いくら買って、弟はいくら買ったかという合計を計算する方に心が行っていた人は、答えられません。経済的なことは、誰しも関心があるし、買い物は、日常的なことですから、おそらく計算したかと思います。

合計で、いくら買ったかより、いくつ店を回ったかのほうが、むしろ易しいですね。

人は、何に気持ちが行くかです。そこに、気持ちが行くと他のことに気がつきません。

人は、求める心が無ければ、そこに、実は重要なことがあっても、気がつかないことがあります。

第一節で、「子供の心の中には、神や仏が宿っている」

と、お話しした通り、人は皆、「善の心」を持って幸せな人生を歩めるようにと、この世の中に生まれてきたのです。

昔から「生まれながらの悪人はいない」と言います。

人は育つ過程で「幸福になる考え方」を一つ一つ修得すればよいのです。

では、あなたも「幸せで豊かな人生を歩める考え方」を身につけていきましょう。

その前に一言、このお話を聞いている人は大人の人だと思います。第一章は、子供の教育の話が多いので、お子さんをお持ちの人は、参考になりますが、そうでない人は「私は、大人になってしまったのだから「今更遅いのでは」とは思わずに、ここで子供の頃に帰ってみるのも面白いです。

一つ一つ検証してみると、思い当たることもあるかもしれません。その場合、原点に戻り、現在まで歩み直してください。

もしかしたら、その中で「**ああ、あの時が別れ道だったのか**ということを思い出し、結局、私は、違う道を歩んでいたのかと、思った人もいるかもしれません。

この次には良い道に行けばよいのです。

今は、あなたにとって「ああそうだったのか、なるほど」が重要です。『気づき』が大切です。

あなたにとって大発見です。幸福への第一歩です。

誠に、残念ながらこの『気づき』が、無いまま一生終わる人もいます。本当に残念だと思います。

その点あなたは大進歩です。もしも、あなたに足りないことがあったならば、是正して、長所はさらに伸ばせばよいのです。

(一)第一の「気づき」は人生には分岐点があること

人は、別れ道に差しかかった時「幸せになる考え方」と「不幸せになる考え方」の違いが出ます。**人は、こうした分岐点に差しかかった時、良くも悪くも、いつも同じ選択をします。従って、幸せになる人は、さらに良い方向に向かいますます幸せになれます。残念ながら、不幸せになる人は、どんどん不幸になってしまいます。**

繰り返して言います。

人生には必ず分岐点があります。まずそのことを知りましょう。

数多くの分岐点はありますが、代表的なものを挙げますと、まず進学です。どの学校に入ればよいのか大いに悩みます。そして就職、どの職業が向いているのか若い頃は、ほとんどの人は自分ではわかりません。

一般的には、仕事に就いて、落ち着いてくると結婚となります。

分岐点に差しかかった時は、どのことに対しても、真剣に考えましょう。

適当に、「何でもいいや、人生なんてなるようにしかならない」なんて決して思わないで、考えて、考え抜いて良い選択をしてください。

(二)第二の『気づき』は良き師、人に出会うこと

あなたが考え抜いて、本当に必要だと思うと自然にあなたの前に、良き人が現れます。その良き人は、あなたの人生の師となります。

良き人が現れるかどうかの分かれ目は、あなたの真剣さの度合いです。

真剣に考え抜けば、ある人とのふとした出会い、ふとした一言が、「求めていたのはこのことだった」とあなたの心をとらえます。

今度は、良き人の考え方にじっくり耳を傾けましょう。必ずあなたの生き方に示唆を与えてくれます。

せっかく、良い人が目の前にいるのに、あなたが『気づかず』に、あなたの前から立ち去ってしまわないように。

では、その人が良き人かどうしたらわかるのでしょうか。

あなたが、**その人の言うことがあなたの中にすっと入っていくか、その人の言動に接していると自然に素直になれているかです。**

良き師または、人に出会ったら次の二つのことを意識し、さらに次の舞台に進んでください。

①一番目は「素直」

出会いの時も、「素直」になれるかということも大切です。

これは技術があります。

良き師または、良き人の、言葉に対してどんな時でも「はい」と返事をします。

これを、聞いたあなたは、封建的に聞こえるかもしれません、こういうことです。

師または、人の言葉を聞いて〔う~ん、そうかなあ〕と疑問に思うと、否定の文脈を頭の中で探し始め「え~そうですか」と口に出してしまうと、否定の考え方を構築し、完成させてしまいます。

それに対して、あなたが、頭に否定が一瞬よぎっても、〔反射的に「はい」と言うと、頭の中は肯定の文脈を探し始め構築し、肯定の考え方を完成させます〕

また、次の二つのことが言えます。

第一は、人は、物事の判断をその時の感情で、左右される動物です。心地よい時と、不機嫌の時では精神状態が違います。すると、同じことでもその時々で違う判断をすることがあります。良き師、人に精神状態が悪い時にも接することをあらかじめ想定しておきます。

第二は、人は相手が右と言ったら左、左と言ったら右と言うように天の邪鬼な面があります。

あなたにもそういう面があるかもしれません。

以上の、二つの意味で、一秒以内に反射的に肯定の『はい』と言うようにしましょう。

結局、得をするのはあなたです。

二人の関係は一方的なものではなく、二人で創っていくものです。

あなたの言動を受けた良き師とあなたと二人で、より高い境地に上っていきましょう。

②二番目は「考え抜く」

これは、良き人との出会いの時にも言いましたが、あなたが物事に対してどれだけ「考え抜いた」かです。

あなたが考え抜くと、良き師の言動が受け入れる土台ができます。すると、良き師の言動が、自然と入り理解しやすくなります。

そして、二人で共鳴しあい内容を高め、さらに次の舞台に進んでください。

「気づきのまとめ」

(1)良き師との出会いに気づくこと。
(2)人生には、分岐点があること。
(3)良き師に出会って次の舞台に進むには
・とことん考え抜くこと。
・素直になること。言い換えれば、素直な自分になってしまうこと。

◆人生の教典　第三

あなたは、日常何気なく「はい！」と返事をしていると思います。

この「はい」は、非常に効果が高いです。

あなたが、相手から何か言われた時に「はい」と、返事をすると、相手は、とても心地よくなります。これは、言ったことを肯定してくれた満足感もあるが、相手は、「はい」の音自体が、心地よい効果を、心理的にもたらしているからです。

昔は親に、返事は、仕方なく小さい声で言うのでなく、はっきりと元気よく、

「はい!」

と言いなさいと躾けられました。

親は、礼儀として教育してもいますが、何よりも親自身が、体験上「はい」と言われた時の心理的な心地良さから、可愛い子供に躾けるのです。


このように、「はい」と返事をすると、相手との関係はさらに良くなってきます。

さらに、お勧めは、「はい」の、後に相手の氏名や地位を添えること。

例えば、「はい! 部長」「はい! 社長わかりました」とか。

地位は、本人が、長年努力して得たもの。人様から言われると、それは嬉しいものなのです。

◆人生の教典　第四

事実、赤坂のクラブに行くと、社長さんや先生がたくさんいます。

（※この場合、新宿でも銀座でもいいのですが、私が以前、赤坂の外れに住んでいたので親近感があるのです。はい！）

これは、クラブのホステスも商売だから、接客技術として使っています。

「あら、社長さん、お久しぶり。どこかで浮気でもしてたのでしょう」

この場合、「社長さん」は、本当は、副社長でも、「社長さん」でいいのです。

もしも、

「私は、まだ社長ではないよ」

と返ってきたら、

「あら、社長さん、どうせ三月の株主総会で、承認されるのですから、私達も、今から『社長さん』に慣れとかないと」

とホステスが言うと、言われた副社長は、満更でもなく、

{俺もついに社長か……

俺の副社長室よりずっと広い社長室で、革張りの大きな椅子に座り役員に、指示している自分の姿を想像して、一人ほくそえむ}

先生の場合。

「教授、もう一杯水割り作りますか」

大学の先生は、事実は、講師で、

「おい、おい、私は、まだ講師だよ」

と、まじめな先生が、あわてて訂正しても、

「先生は、知性的だし、それに風格もあるし、どこから見ても教授ですよ」

隣のホステスに、

「ねえ、恵梨香」

とくすぐられると、先生は心の中で、

〔松井教授は、来年には退官になるから、順番からいって、次は無理にしても、次の次は、俺の番かな〕

と、本人はいい気持ちになって、シーバスを追加して、さらに、ホステスの分までも注文しちゃう。


もう一つの、お話。

社長の場合。会社内で、社員は、

「はい、社長わかりました」

と、勿論言うべきだが、社長は、仕事とは直接関係のない、世間の人からも、

「社長」
と言われるのも、いいものなのです。
社長自身は、世間の人から、
{あなたは、社長さんにふさわしい思考で行動し、社長として真の実力示しています}
そう考えられていると受け止める。
それが、たとえ、お世辞だと、分っていても嬉しいものなのです。

先生の場合。

先生と生徒の関係でない人から、

「先生」

と言われると、言われた本人は、先生として尊敬されていると解釈し、持ち上げられていると
わかっていても、本人は嬉しいのです。


あなたがこの教典を使う時は、次のことを意識してください。

この教典手法が最も効果的な人達は、二流の人、二番手に甘んじている人。

本人達は、実力も才能も、一流、一番と思っているが、実際には、そんな実力はなく現実は二
流の人、二番手になっている人達。

この人達に「社長」「先生」と、持ち上げると、とても効果がある。

お世辞には、とても弱い人達です。

結局、自分では、あふれるほどの才能も、実力もあるのに世間は認めてくれないと思っているので、自分のことを認めてくれる人が、目の前に現れると非常に嬉しくなるのです。

四、第二節の〔良き師、良き人〕のまとめ

(一) この節では、良き師、よき人の話をしてきました。

良き師とは、必ずしも人だけとは限りません。良き師は、大自然一切のことも対象です。

大自然とは、〔天地間の全てのこと〕を意味します。

大自然のことを、さらに、詳しく(下巻)第三章の第一節でお話しします。

大人のあなたは最近空を見上げていますか。

空は、その姿を刻々と変えて、私達を楽しませてくれます。

ぬけるような青い空に
ゆっくりと流れる白い雲
今にもちぎれそうな雲に
そっと手をさしのべる

野原を越え
林を越え
細い葉や、真っ白な花が話しかけてくる
小道を踏んでいると、優しい幹が顔を出し
枝の金色の小鳥が光ってる

森を超えて、山を越えると
まぶしく輝く光が、入江を射した
青緑の静かな海に
父や母がいて
暖かい眼差しで見守ってくれている
水面は、揺れて、吐いたり吸ったり呼吸をしている
いつまでも、いつまでも
見つめていた

このように、自然の空や、海、森、木、花から美しさを学びます。

私達に、美しや感動を与えてくれる大自然に感謝しましょう。

これらのことは社会が平和で、何物にも束縛されない自由があり、また自分が健康体で、大自然に接することができるからです。

この幸せをかみしめましょう。

（二）良き師は、あなたの前に、師として、はっきりと登場するとは限りません。

人間は、十人十色でそれこそ色々な人がいます。どうも馬が合わなくて、会うのを避けている人もいるかと思います。

人間は、概して他人に対しては、厳しく見がちで、欠点を取り上げ、そこを増幅する傾向があります。

あなたは、心広く、その見方を逆にしてみます。

馬が合わない相手でも、むしろ、あなたには持っていない相手の長所を見出します。

さらに、その長所を高めて観る解釈を示しましょう。

そして、その長所を学んでいきます。そうすると、相手の人は立派な師です。

師として学んでいくと、相手の人に、好意を持つようになります。

あなたが好意を持つと、表情や態度に自然に現れます。相手も、あなたに対して好意で返してきます。そうすると、あなたも相手も気分が良くなり、良き人間関係に変わっていきます。

あなたは、（相手の長所を学び、相手とも親しい関係）になるという（二つの徳）を得ることになります。

第三節　言葉

一、心と言葉

幸せと豊かさの扉　第七

心と言葉は表裏一体。
良き人と出会い、良き言葉を聞き、良き教えを受ける。
良き出来事と出会い、良き文を読み、美しい物を観る。

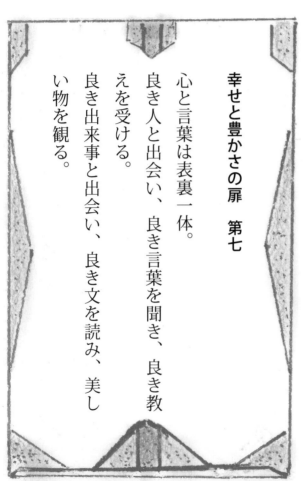

始めに、結論から言います。

人類の、今日までの発達は、言葉を得たからです。

人類の発達の要因を、一般的には、例えば、他の動物に比べての特徴の、二本足歩行の巧みさ等が、あげられますが、

何よりも、言葉を得たからこそ、豊かで文化的な生活を営むようになったのです。

政治、経済、社会、スポーツ、芸術、全て言葉があるからこそ、成立し発達したのです。

〔心と言葉〕に関しての、面白いお話をします。あなたは、今まで耳にしてないことなので新鮮に感じると思います。

地方の話です。

林の中に、引っ越しの時に置いていったのか、中古の机と椅子、電気ストーブ、電子レンジ、それに混じってＣＤプレイヤーがありました。人が、これを発見しても、中古の不安定そうな椅子や机には、興味を持ちません。また、錆びついた電気ストーブ、いくら電子レンジでも、食材や油汚れがこびり付いている、小さな九六〇ｗくらいの物は、見向きもしません。

しかし、ＣＤプレイヤーは評価するでしょう。

まず、〔機能〕を見ます。スイッチ類は動くのか、回したり押したりします。次にＦＭは、きれいに入るのかが、ＤＶＤも見れるのか、テレビは果たして映るのか。

二番目は、買えばいくらぐらいするのか〔価値〕です。

さあ、ここでくまさんの登場。

くまさんが、山が、最近餌が不足しているので、麓の方まで下りてきました。林でこのＣＤプレイヤーを見ても、ただの黒っぽいものとしか映りません。他の物と比較しても、大きい小さいとか、柔らかそう固そうの差で、機能とか価値は全く考えません。例えれば、白黒映画で音が無い状態〔トーキー〕を見てる感じです。

〔くまさんは、もじやことばがないので、ＣＤプレイヤーのかちを、かんがえようがないのです〕

整理しましょう。

まず、人は、〔文字〕〔言葉〕が先に来ます。

事柄、人、物等の名前を表す名詞。このお話の中では、机、椅子等です。

物を、形容する形容詞。この話では、〔中古の〕机、〔小さな〕電子レンジ、です。

さらに、〔不安定〕とか〔油汚れが付いている〕というように判断していきます。

人が、言葉により発達したということは、**私が、お話をしている〔幸福〕も同じことになります。〔幸せ〕〔幸福〕の言葉が、人間にあるのでより深く〔幸せ〕を受け止められるのです。**

もしも、人類が言葉を持つことができなかったとします。

そうすると、当然〔幸福〕の言葉もないわけです。

人類は、幸せと似たぼやけた感覚はあったでしょうが、こんなにも幸福を感じなかったでしょう。

同じく不幸も、こんなにつらく悲しい〔不幸〕を感じなかったでしょう。

言葉の発達により、得られた結果が文化であり、人類が、他の動物より発達し、人らしくなったのです。

人は、〈～だから不幸〉、〈結局～で不幸〉と、〈不幸〉を並べて増幅します。

ならば、言葉の〈幸福〉ではっきりと自覚し、深めていけばまた、〈幸福〉という言葉で〈真の幸福〉へと、導けます。

これらの、言葉を上手に使う原理を、これからお話しします。

では、最初に簡単な原理から紹介します。

（一）幸福の原理　ー　心と言葉

幸せと豊かさの扉　第八

良き心と言葉は、良き考え方を創り人格を磨く。
良き人格は、人生を幸福にする。

私を含めた男性二人と、女性二人の計四人で、六月の梅雨の雨上がり、鎌倉に出かけた。

男性の金子さんは、幼稚園の父兄で、私と同じ平日休みのお仕事の人で、言葉、表情、動作を正確に記録するため来ていただいた。

二人の女性は、幼稚園の先生で、小田先生と春日先生。幼児と常に接して、心の柔軟性を持っているので、今回この原理の実証のため、参加していただいた。

私達四人は、同じ町内に住んでいる。今日は幼稚園の振り替え休日だった。江ノ電に揺られ、長谷駅の改札を抜けて四分ぐらい歩くと長谷寺の参道になった。ここは、由比ヶ浜に近いので、潮の風が感じられる。参道の老舗の割烹料理屋さんは、創業百年を超える。やはり、古都鎌倉らしいたたずまいだ。長谷寺の、目の前まで来ると喫茶店が眼に入った。

金子さんが、

「辻さん、ここ結構有名で、コーヒーがおいしいそうですよ」

「じゃあ、入って打ち合わせをしましょう」

店内は、土間にシックな茶色のテーブルと椅子があり、その椅子の上に座布団が、置いてあった。昔懐かしい囲炉裏と赤い円筒形のポストがあり、なかなか、こった造りだった。私は、紅茶を注文し、三人はコーヒーを注文した。

「やはり、ここのコーヒー濃くておいしい」

と言っていた。さてさて、打ち合わせ。

長谷寺に行く前の、最後の打ち合わせに入った。

実は、この長谷寺で、四人でこれから、〈心と言葉の原理〉の実証を始めようとしている。

人間が、言葉を発しない、会話をしないと、どういう結果になるかという実証です。

私が、

「これから長谷寺に行って二つの実証を始めますが、その前に、基本編として〈心の健康を保つ方法〉を練習しましょう。花の前に立っても、例えば、白黒テレビとか無声映画を観ているつもりで、色も音もない世界に入ってください」

白黒テレビとか無声映画は、ピンとこないみたいだ。何にもとらわれず、自然体で、空気も匂いも受けいれる。かといって眼はつぶらない。

「では、こうしましょう。基本編の第一歩として、これから行く長谷寺の、長谷観音を安置する観音堂は、若い二人だから、あまり興味が湧かないでしょうし、無機物だから、花と比べると、やりやすいので、何にも、とらわれない自然体の練習をそこでしてください」

「えっ、でも難しそう」

金子さんが、面白がって。

「中には、木造では日本最大級の金色の観音像が安置されています」

「えっ、そちらにとらわれて、ますます難しいです」

喫茶店を、出てから土産物屋を観て、長谷寺の山門をくぐると大黒天が鎮座する大黒堂。

庭園の間を抜けて、上がると、観音堂が見えてきた。

基本編の第一歩の、観音堂の方に向かって、言葉を発しない、会話もせずに、自然体の何にもとらわれない練習に入った。

他人から見たら、少し奇異な感じがするかもしれないが、平日の午前中なので、参拝する人が少なかったのでやりやすかった。

第一歩の練習は、終わった。

「いかがでした？」

春日さんと小田さんは、異口同音に、

「やはり、難しかったです」

小田さんが続けて、

「**ただ、一点にとらわれないで全体を観る、というのが少しわかりかけてきました**」


基本編の第二歩目の、花に向かっての自然体の練習に入った。

庭園の中ほどの、ある花の前で立ち止まった。

二人は、花の方向に顔は向けてはいるのだが、あえて花を凝視しないで、自然体で何にもとらわれない練習に入った。二人とも、静観している。

しばらく経った。

「はい結構です。第二の練習終了です。いかがですか？」

春日さんが面白いことを話し始めた。

「やはり難しかったです。こういうことは、普段はやっていないので、心を無にし、淡泊になるのは

｛心の健康｝のためにいいのかもしれません」

　小田さんが、この話を受けて、

「気づいたのですが、相手が子供達の仕事と、相手が大人達の仕事とでは長い間には、思考や感性が違ってくるかもしれません。私達は、｛心が軽やかで、軟らかいというか｝」

　私が、勢い込んで、

「それはもう、絶対に言えます。二人はとても感性豊かですから、その良い傾向をさらに、伸ばせばいいです」

　これからが、｛言葉を発しない、会話をしない｝の本当の実証となる。

「では、第一段階の｛花を観て思いのままに感じてください｝しかし、今度も一言も発せず、会話もしないようにしてください」

　花を、直視し、見続けている。

　決めたとおり二人は、黙って会話をしない。やや、冷たい空気が流れている。

　数分たった。

「では、第一段階終了です」

「いかがでしたか？」

「ええ、なんかよく、わからないです」

「辻さん、なんか、気持ちが安定しません」

「そうです、**花を直視して感動しているのに、あえて言葉を発しないのは、不自然なのです。人は、**

花を観て感じ、自然に言葉が出るのが本当なのです」

　いよいよ次からが、第二段階です。

「**思いつくままに、言葉を交わし、会話をし、自由に表現してください**」

「正確に行うために、あくまで、自由に行います」

　しばらく時間が経った。

　二人は、花を直視し、意識が、強まったようだ。

　その花は、紫陽花だった。

　小田さんが、開口一番。

「ねえ、紫陽花って花芯の黄色から広がっていき、花弁の外側の、藍色にかけての濃淡の変わり方が、微妙できれいよね」

　二人は、心が解放され、表情が豊かになっている。

「本当にきれいね。紫陽花って花の色が色々あるわよね。土によって色が変わるから〈七変化〉と呼ばれてるんだって」

　さらに、花について次々と言葉が交わされる。

　今度は、春日さんが、しみじみと、

「紫陽花って、何といっても雨に打たれて咲く姿や、雨上がりの風情に、趣があるわ」

　小田さんが、うなずきながら、

「う〜ん、本当に、心が洗われる思いね」

春日さんが、眼を転じて、

「これは、回遊式の日本庭園でしょう。芸術的で素敵ですよね。本当に、日本人の巧みな繊細性を感じます」

先程の、自然体と合わせ観ると、一点にこだわること無く全体を観れ、花と樹木と庭園をも、観れた。さらに、庭園を造った作者の意図も、理解できた。

〔心と言葉の原理〕の実証は、大成功だった。

言葉が、発せられる毎に、紫陽花が、きれいに見えてきて感動が増す。

この実証は、はっきりしない、ぼやけた状態から始まり、最初に言葉が発せられることにより、形がはっきりし、さらに言葉が発せられることにより、心も変化していく様を示している。

心が、言葉を感じ取り、さらに、言葉を新たに表現するわけです。

このように、心と言葉は表裏一体。

良き人と出会い、良き言葉を聞き、良き教えを受ける。

良き出来事と出会う、良き文を読み、美しい物を観る。

これらは、全て自分の〔しっかりした考え方〕を持ってこそ、初めて身につくものである。

もしも、この考え方がしっかりできていないと〔よきもの、美しい物〕は右から左にと、通り過ぎてしまう。あるいは〔良きもの、美しい物〕に、出会ったことさえ、気づかないかもしれない。

心と良き言葉は、良き考え方を創り人格を磨きます。

良き人格は、人生を幸福にします。

（二）幸福の原理　Ⅱ

幸せと豊かさの扉　第九

｛否定的な言葉｝で話したり、｛思い｝を浮かべると、心も｛否定的｝になり、考え方も｛否定的｝になる。

｛積極的な言葉｝、｛積極的思い｝が心を積極的にし、考え方も｛積極的｝になる。

この言葉の原理を理解すると、幸福になる。

ある若い男の人が、マンションに一人でいた。せっかくの休日なのに、何もすることがない。
〔今日は、つまらないなあ。何もすることがない〕
マンションの窓から外をのぞいたら、二人連れで歩いている男女が見えた。
〔恋人がいるのか、いいなあ、これから、二人で仲良く出かけるのか〕
一人で、ぼやき始める。
そうすると、せっかく晴れた天気さえも面白くなくなる。
〔うらやましいなあ、晴れていい天気なのにどこも行く所がない。こうなったらいっそ大雨になって二人が、ずぶぬれになればいい〕
〔パチンコもあきたし、出かける気がしない〕
座って、テレビを付けた。
〔テレビも、くだらない番組ばかりだし〕
という状態になっている。
それに対して、同じ状況でも。
まず朝、明るい日差しを感じて窓をさっと開け、
〔今日は、久しぶりの休日、天気はいいし、何をしようか、楽しい休日になりそう〕
そう思い始めると、楽しいことが、次々と浮かんでくる。
〔そう言えば、会社の同期の仲田が、今度の休みの日、一緒に出かけようと言っていたな〕
と楽しいことを思い出す。

｛すぐに電話してみよう｝
誘いの電話も、自然と明るいはずんだ声になってる。
仲田も、明るい声に、引き込まれて、
「うん、いいねえ出かけよう」
と、良い答えが返ってくる。
では、この｛幸福になるための原理Ⅱ｝で出てきた言葉を整理すると、
①否定的な言葉
(1)つまらない。(2)何もすることがない。(3)うらやましい。
(4)面白くない。(5)あきた。(6)くだらない。
②肯定的な言葉
(1)天気は、いい。(2)今日は、何をしようか。(3)楽しい休日。
(4)すぐに電話。
肯定的な｛言葉｝｛思い｝は積極的な行動につながります。

幸せと豊かさの扉　第十

挨拶をし、言葉を交わす。
交流が生まれる。
すると、心が温かくなり、さらに、皆に声をかけたくなる。
皆の気持ちが豊かになり、幸せの輪が広がっていく。

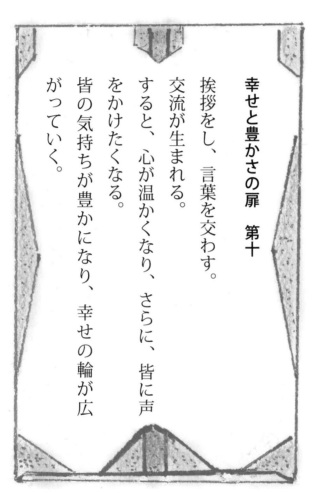

（一）日本人の心の物語　第四話　言葉を交わす

私は、初冬の昼下がり、スポーツ用品の仕入れの仕事で、地下鉄で、駅のホームの色違いを楽しみながら、四十分くらい揺られて、世田谷の用賀に着いた。この世田谷のメーカーは、二十代の若い頃からの長い付き合いなので、仕事とはいえ、親しい友人も多く、いつも、とても楽しい時間を過ごす。

仕事が、思いのほか早く終わり、近くのコンビニに入った。

品物を選んでから、レジの列に並ぶと、私は、二番目だった。前の三十歳ぐらいの男の人が、代金を払ってレジの、やはり、同じく三十歳ぐらいの店の女の人から、カウンター越しにお釣りをもらった時、どういうはずみか、十円玉を財布に入れ損なった。

十円玉は、いったんカウンターに落ち、転がり、店側の方に行って、さらに、ころころと転がりカウンターの下に、入ってしまった。女性の店員は、わずかに拾う素振りを見せたが、〈カウンターの下なので、面倒〉と判断したらしく、何も起きなかったような態度をし、男の人は、少し戸惑いを見せたが、やはり何もなかったような態度で、踵を返して、品物だけを持って、店から出ていった。

…………

二人は全く無言。

…………

冷たい空気が店の中に流れた。

一般的にはこうなると思う。

お金が、カウンターの下に入ってしまった。

店の人が、

「はい、少々お待ちください」

と言いながら、拾う為にかがむと、
男の人は、

「あっ、ごめんなさい」

店の人が、お金を拾って、

「はい、お待たせしました」

「はい、どうもありがとう」

と、なるのでは。

いつから、私達の日本は、人と人との間が、こんなに冷たい風が吹くようになったのだろう。

今の日本は、全国どこへ行っても同じである。

古都の京都でさえ、駅周辺は、駅ビル、東京と同じように、バスターミナル、タクシー乗り場、どれも残念ながら、他の都市と変わりなく、新宿駅をぐっと、小さくした感じだ。

関東周辺の駅前も、同じようなビルが並んでいる。店の外観や看板も、同じで、内装や並んでいる商品も同じ。中に入ってみると、接客やサービスまでも同じである。

駅を降りて歩くと、まず目につくのがコンビニ、少し足を延ばすとファミレス、郊外に行けば、洋服のチェーン店、広い駐車場があるショッピングセンター、どの店も個性が無く画一化されている。

もっと、その町にふさわしい町づくり店づくりを、してもいいと思う。

○理想のお店は。

店の理想が、店の隅々まで、気配りが感じられる造りで、常に手入れが行き届いている。

日本人が、歴史の中で育んできた美学が、礼節や人をもてなす心として自然に表れる。

人々が、時間を忘れてゆっくりできる。

さらに、重要なことは、お客様との対話を大切にし、個人の考え、生活、嗜好を察知し、多くの人々との関係を重んじ、大切にしていく、こういうお店を、皆が、望んでいると思う。

○理想の駅は。

宮城県の亘理町に、常磐線の亘理駅がある。

駅舎は、日本のお城の造り。

屋根は、自然に穏やかな勾配で流れている。真っ白な外壁は、青い空に映えて見事な眺めだ。

濃い灰色の屋根と、白色の壁は、とても良いコントラストで駅を訪れた人を和ませてくれる。

地方色を取り入れた理想の駅と言える。

○理想の町は。

私は、東京の鳥越神社の近くで生まれた。以来、数回、引っ越して、今の町に住みだしてから十五年になる。

ここの町並みは、明治時代の面影が残り、住んでいる人達は皆、人情味にあふれている。

坂の中腹の八百屋のおばさんは、季節、季節の野菜を揃え元気良く商いをしている。

商店街の中程の、お豆腐屋さんの店には、夕方になると近所のおかみさん達が、鍋を持ってにこにこしながら買いに来る。

おじさんが、元気に、

「はい、いらっしゃい」

「今日は」

冗談を交え、話がはずむ。しばらくして、鍋に、薩摩揚げとお豆腐を入れてもらって、

「じゃあ、また」

「毎度、ありがとうございました」

おかみさん達は、笑顔を残して帰っていく。

商店街の中頃の酒屋さんの、おじさんとおばさんは、いつも愛想よくお酒や、アイスクリームを売っている。近所の子供は、学校に行く時、おじさんやおばさんに元気よく挨拶する。

「おじさん、おはようございます」

「はい、行ってらっしゃい、気をつけて」

おじさんは、町内の世話役で町の皆を知っている。子供達も「おじさん」「おばさん」と店に遊びに来る。

おじさんの凄いのは、どこの家の子が、今どこで遊んでいるかを知っていることだ。

子供が酒屋さんに行くと、

「今、淳ちゃんは、児童館に居るから行ってみたら」

と教えてくれる。おじさんは、町内の家や、店に配達に行くし、また、その配達の途中で、子供と会って話すので、町の情報通になっている。

町中は、まるで大家族だ。

街角の、駄菓子屋さんは、夕方になると、小銭を握りしめた子供達の笑い顔でにぎわう。

駄菓子屋さんは、二階建てで、二階と一階の奥が住まいになっている。

一階のお店の間口は六ｍくらいで、床は土間になっている。店の右側には自販機が並べられていて、中に入ると、子供が如何にも喜びそうなデコポッキー、アンパンマンのソフトせんべい、昔懐かしいサクマのドロップ等が、所狭しと並んでいる。

ところで、あなたは、駄菓子屋さんのゼリーは一個いくらか知っているだろうか？

私も実は、この前、子供と何十年ぶりかに行って、びっくりした。

メロン味二本、レモン味一本、イチゴ味一本、計四本、グミ一個を買って合計五本だから五百円と思い、財布から五百円を出そうとしたら、

「六十三円になります」

と、店の小父さんが、言った。

一本十円ちょっとの世界がまだあることを懐かしく思った。

もう一つは、百円を出したら、レジスターでバババンと打つかと思ったら、そうではなく、なんと、そろばんで計算をして、

「はい、三十七円のお釣です」

と、手渡してくれた。

そろばんは、懐かしい。

例えば、
①「角の八百屋さんは、そろばん上手だから、相当身上残したみたいだ」
とか、
②昔は、商店で、値引きの交渉の時、口頭で言うのは品がよくないので、店員が、そろばんをはじいてお客さんに見せ、
「このくらいで、いかがでしょう」

と言うと、お客さんも、たいしたもので、そのそろばんの玉を、直接動かして、

「もう少し、これでどうだ」

「はい、わかりました、勉強いたします」

シャンシャンという場面もあった。


駄菓子屋さんは、小さな商いであるのに、子供に夢を与えてくれて、つつましく行っているお店の在り方に頭が下がる思いだ。

家の近所では、今日もこういう交流がされている。

「今日は」

「今日は」

「今日もまた、寒いですね」

「お母さん、お元気ですか」

「はいお陰さまで、随分良くなりまして、この前は神社までお参りに出かけられるぐらい良くなりました」

「それは良かったです」

近所の人同士、相手の家族の体の具合を、気遣う。

家族の体の具合を、心配して声をかけてくれると、本人は、どのくらい嬉しいか気持ちが暖かくなるのだ。

あいさつを交わし、言葉を掛け合い交流が生まれると気持ちが、豊かになる。

すると、また、別の人にも挨拶をしたくなる。

そこに、交流が生まれ、さらにどんどんと広がり、町中に幸せの輪が広がっていく。

幸せの輪は、この町に訪れた人にも、分けていく。

皆に挨拶をして言葉を交わすことで、交流が深まる。

すると、心が暖かくなりさらに、大勢の人に声をかけたくなる。

皆の気持ちが豊かになり、幸せの輪が広がっていくのである。

第四節　自然体

幸せと豊かさの扉　第十一

事に当たる時は、
どんな時でも心は、平常心で自然体にする
こと

〔自然体〕とは何ものにも、とらわれないことです。

人は、生まれてから今日まで、物事の現象に強くとらわれてしまう傾向にあります。

人は、困ったことが起きると、そのことだけにとらわれ、広い視野で考えられなくなります。

従って、どういう場合でも、自然に受け止められ、どの方向にも行ける心と体の理想的状態の、**〔自然体〕**が大切です。

この節では〔自然体〕が、どんな場合でも、それこそ自然にできるようにします。

一、日本人の心の物語　第五話　心を軽やかに　その一

昔、むかし、私が、十代後半の頃。

あれは、蒸し暑い初夏。確か、祝日の昼下がり。

私は、約束の時間に間に合うか、ぎりぎりの時、オートバイに乗って、交差点の赤信号でイライラして青信号に変わるのを待っている。祝日なので車の交通量が少ないので渡ってしまおうと、車が通らなくなったので、今だと思い、横の黄信号を観ながらパッと飛びだす。ところが、本当に、どこから出てきたのか急に、横から白い車がパッと現れ、オートバイの横腹にぶつけられた、私のオートバイは、たまらず横転してしまう。どういうわけか本当に、すぐにパトーカーのサイレンの音がし、パトカーの警察官がぱっと降りてきて、話をした後すぐに、病院に運ばれた。

私の怪我は、幸い大したことはなく、手の創傷と、足の打撲程度で済んだ。

私は、この事故を踏まえて、夜も寝ないで何日も、考え抜いて、ついに、次の名案を創りました。

〔どんな時でも、青信号に変わってから出る！〕

当たり前ですね。はい、説明します。

狭い道路でも、早朝でも、夜中でも、地方の山奥でも、車が全く通っていなくても必ず、赤信号では止まり、横断する、と自分の中で決めてしまいます。

〔人は、急いでいる時は、平常心がなくなり視野が狭くなる〕

例えば、道が急カーブで見通しが利かなく、しかも、車が駐車していれば、来る車が見えにくくなる。〔急いでいる時は、こういう状態を判断できなくなり〕結果、事故につながる。

〔どんな時でも、青信号に変わってから出る！〕は、非常時は平常心を失うので、〔考え方〕で初めから規定してしまう方法である。

この方法は、いろいろと応用ができるので、ぜひ活用してほしい。

事にあたり、心は平常心で自然体である。

しかし、多くの人は突発的な出来事が起こると気持ちが乱れ、つい失敗してしまうもの。

さらに、平常心でいられる応用編に進もう。

幸せと豊かさの扉　第十二

人は、生きること自体が素晴らしく尊いこと。
人は、相手からどんなことでも返ってくることが尊いことで、自分の喜び。
人は、相手の小さな喜びでも、自分の喜び。

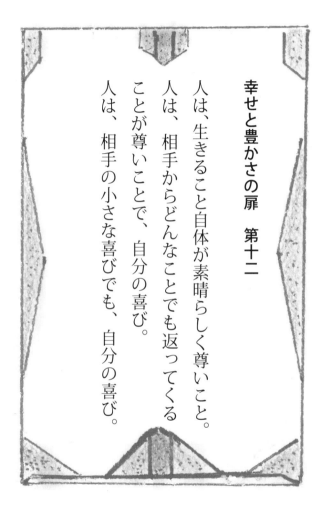

これから話すことは、合理的な考え方です。

美しく正しい言葉、正しい行動を取っていると、常に自分自身が乱れず、冷静で平常心でいられます。

この節で、お話ししている〔自然体〕でいられます。

最初の例をあげます。

あなたも経験していると思いますが、夫婦喧嘩の場合です。

始めは相手の至らない所を、冷静に話していますが、相手もなかなか素直には認めません。そうすると、言いだした方は、面白くなくなり、興奮してきて言葉が汚くなります。また、論旨もあやふやになってきて、最初のこととは、関係ない昔のこと等、持ちだしてきます。

どんどんエスカレイトしてきて、口汚く、

「この馬鹿が」

「馬鹿とは何よ、あなたこそ、わからず屋よ」

と、相手を傷つける言葉の、応酬になってしまいます。これからが重要です。

始めは、冷静に論理的に、話し合っていたのに、口汚い言葉を使うことにより、自分が使った言葉により自分の怒りが大きくなり、結局しまいには収拾が、つかなくなってしまうのです。

次の例を、お話ししましょう。

支援活動や、社会の福祉のために活動している人達のお話です。

活動している人達は、間違いなく人様の為の　支援活動ですが、実は、活動している人自身の為にもなっています。活動をしている人が、福祉活動の場で、実際に、正しいきれいな言葉で、正しい行動を取っていると、相手から良い反応が返ってきます。

さらに、感謝の気持ちが返ってくる時もあります。そうすると、活動している人は、自然にきれいな気持ちになり、前にもまして良い人間になります。

そして益々、美しい正しい言葉で、正しい行動を取るようになり、しかも、豊かな気持ちにもなります。例え、良くないことが起きても、正しい言葉で、正しい行動が取れ、悪い方向にいくのを防げます。

さらにこのことを詳しく見ていきましょう。活動している人が、相手に悪態を突かれ悪く反応されたとします。

非常に意地悪な言い方ですが、例え、心の中では違っても、いいのです。

心の中で〔私が、いつも優しく接しているのに、なんて奴だ〕と思うのが当たり前で、〔そんなことは、毛ほども思わない〕、そんな聖人君子なんか世の中にいません。

むしろ、ここが重要なのです。

始めは、表面的には、美しく正しい言葉で、正しい行動を取ります。そして、形だけの正しい行動を何回か繰り返します。

次の段階は、正しい言葉と正しい行動を繰り返すことにより正しい心が、作られてきました。

今度は、その心を込めて正しい行動で接します。

そうすると活動している人自身が生まれ変わります。

真に心が豊かになり、相手から悪態を突かれても、悪い反応をされても、許容することができるようになります。

もしもこれを、活動している人が、相手の悪態や悪い反応に腹を立てて、ののしったりすることを繰り返したとします。

それが、活動している人の、言葉行動のパターンとして自身に、記憶されてしまいます。これでは、活動している人は、いつまでも成長できません。

これは、こういうことです。


人は、生きていること自体が素晴らしく、尊いことです。

人から、どんなことでも返ってくることが、尊いことで、自分にとっての喜びです。

人を愛するということは、全て全部を愛するということです。

相手の小さな喜びでも、自分の喜びとして感じられます。

最初は、正しい美しい言葉、正しい行動です。

次に、考え方と心です。

最初は、形から入っても良いのです。

最終的に本物になり真の人格者となります。

三、幸福の物語　第六話　心を軽やかに　その二

平成十八年の夏の暑い盛り、学校の夏休みに親戚の家族と一緒に、伊豆の広大な遊園地に遊びに行った。

メリーゴーランドや滑り台の長いコースや自転車、ゴーカートに乗って楽しく過ごしていた。

遊園地の中央の休憩所で、冷たい飲み物を飲み終えた頃、いとこの淳ちゃんは、娘の五歳の雅美ちゃんと、一足先に、二人でお土産品がたくさん並んでいる館に行った。二人は、しばらくあれこれと見て回っていた。雅美ちゃんが、

「あっ、お父さんの肩に、かけていたバックは」

「あれ、いけない。ちょっとそこのベンチで待ってて、お父さん、前に行ったゴーカート場の所を、観てくるから」

と、急いで走っていく。バックの中には財布が入っている。まず、座ったベンチをくまなく見たが、ない。さらに、下に落としたのかと探しても見つからない。

あわてて、受付の人に聞いたら、

「いや、そのようなバックは届けられていません」

と、冷たい返事が返ってくる。

やはり、〝財布入りのバックは出てこないだろう〟とがっくりしながら、淳ちゃんは、私達のいる

休憩所まで、足取り重く肩を落として帰ってきた。

「淳ちゃん、もしかしたら、バック、お土産館の方ではないの」

「えー、うん」

「あ、雅美ちゃんは」

「あっ、そうだ、お土産館に待たせているんだ」

と、めちゃくちゃあわてて、お土産館の方に走っていく。私達も、後を追いかけていく。

雅美ちゃんは、ベンチの所で待っているはずだが、どこを捜してもみつからない。

「あっ、そうだ私がいつまでも帰ってこないから、ゴーカート場の方に捜しに行ったのでは」

今度は、それとばかり、皆でゴーカート場の方に急いで捜しに行った。

でも、ここにもいない。淳ちゃんは、奥さんに、

「あなた、いったい娘と、バックと、どっちが大切なの」

「そんなこと言ったって、お前がいつもは、切り詰めているから、旅行ぐらいぜいたくをしたい、というから大金を下して持ってきたんだよ」

と、言い合いしているが、本当にバックどころではない。

近くの長いコースの滑り台の入口、メリーゴーランド、もしかしたら洗面所、どこにもいない。

場内アナウンスで、捜してもらおうということになり、お土産館にもどった。

受付の所に行ったら、茫然とした顔の雅美ちゃんがいた。もう泣き疲れていたのだろう。皆で、口々に、

「ごめん、ごめん」

「よかったね」

「もう、大丈夫」

と、お母さんの懐に飛び込んだ。

結局、こういうことだった。お父さんがいつまでも来ないので、ゴーカート場に見に行ったがいない。お母さんがいた休憩所に行ったがいない。仕方がないので、お土産館に戻ってみたがいないので、さすがに不安になりしくしく泣いていたら、年輩の店員の人が声をかけてくれ事情を聞き、〈きっと行き違いになっている〉のだからそれならむしろ、ここに居てお父さんが、必ずきっと迎えに来るから待っていようということで受け付けの所で待っていたそうだ。

年輩の店員さんの思った通り、少しの時間差で、行き違いになりぐるぐる回っていたみたいだ。

さて、さて、財布入りのバックは何処だったのか。

そこの、お土産館に念の為聞いてみた。

「このバックですか」

「あっ、それです。良かった。どうもありがとう」

「何処に、あったのですか？」

「はい、先程、係員が、洗面所の化粧棚の上に置いてあったので持ってきました」

「そうだったのですか、ありがとうございました」

何のことはない、なにも、あわてて他に、走り回る必要もなく全て、このお土産館で解決できたこ

とだった。

無くなったと気が付いた時、お土産館の中を戻って、二人で回ってみればあったわけだし、迷子にもならなかったのだ。

四、幸福の物語　第七話　心を軽やかに　その三

五月晴れの昼下がり。私は、珍しくネクタイを締めて、新宿駅の西口の地下街を抜けて五分ぐらい歩いて、高層ビルの二十六階の会社のドアーを開けて、中に入った。入って一番奥の社長室の前の広い豪華な応接室で、待っていると、社長と専務と若手の営業部の男性社員が、やや緊張気味に入ってきた。私と、社長と専務を中心に話が進んでいき、さらに詳しい資料が必要となった。

そこで、若手社員の安藤さんが、上の階の総務部に書類を取りに行くことになった。安藤さんは、応接室の椅子から立ち上り、やや、ぎこちない足取りで出口に向かった。ドアーを開けて廊下に出ようとしたのだが、ドアーが開かない。その不自然な行動に三人の眼がいってしまった。本人は慌てて、ますます開かない。

専務が、

「安藤、何、やってるの、引けばいいんだよ」

「あっ、はい」

やっと、ドアーを引いて、廊下に出ていった。

入る時は、自分が押して入ったので、また押したのだが、開かないことに動揺して、引けばよいことに頭が回らなかった。

結局、安藤さんにとっては、三つのことが、重なったのだ。

①安藤さんは、この応接室は、自分の会社の物ではあるが、仕事として使用するのは始めてで、**広い豪華な造りに圧倒**されてしまっていた。

②私とは、**始めて**だったし、上役二人の計三人に囲まれて、**緊張**してしまい、さらにその三人に、開かないで困っている所を見られ、益々動揺してしまった。

③安藤さんにとっては、難しい内容の資料で、半分程度しか理解できてない状態で、書類を、取りに行かねばならないということで、そちらの方に頭がいって、気もそぞろという状態だった。

第五節　ころころ

幸せと豊かさの扉　第十三

きれいな丸い球を、なめらかな平面に、
そっと優しく転がすように
ころ　ころ
ころ　ころ
ころ　ころ

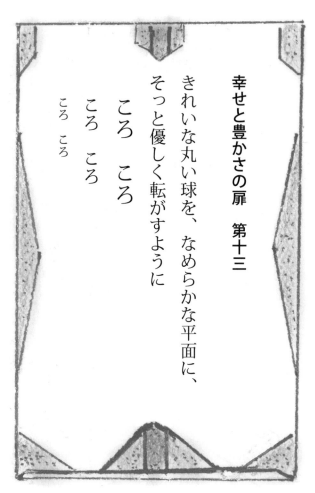

幸福の物語第五話です。

交差点で、横の黄信号を見て、何とかして、この交差点を突破してしまおうということと、交通規則を今、破っていることとで、心が二重に縛られています。結果、平常心でなくなり、考えと視野が狭くなります。

幸福の物語第六話です。

バックが無くなる、という現象で心がいっぱいになり、大金が盗まれたら大変だという方にとらわれてしまいました。第一、ゴーカート場よりも、お土産館の方でなくなったことに気がついたのだから、今いる所を先に探すべきと、考えが及ぶはずだが、平常心でなくなり、あわててしまいました。

結果、五歳の自分の子供を置き去りにして、走っていってしまいました。

◆人生の教典　第五

起こる現象は、そのことだけでなく、必ず過去が秘められていて、また、未来をも予知している。

過去を見通し、幸せな未来を創る為には、そのことだけに執着しない自然体になること。

幸福の物語　第五話〔心を軽やかにその一〕を、分析しましょう。
〔あの時の現象〕は予期せぬ所から、車が急に飛び出してきて、オートバイの横腹にぶつけられた。

詳しく見ていくと、

①〔事故の、少し前〕、私は、進行方向が赤信号なのに、横の黄信号を見て、横から車が来ないと思って発進した。

②〔事故の直前〕突然、車のブレーキがきしむ音『キッキー』、白い物体が私の横に「ふあっ」と出てくる。『わっ、何か来る』、ブレーキをかける、一秒くらいで。

③〔衝突〕、ぶつけられる、足に痛みが走り、オートバイは転倒。

何とか起き上がり、足を引きずって歩道まで歩いていった。誰かが、知らせてくれたのか、とても速くサイレンの音と共にパトーカーがかけ付けてくれた。〔タッタッ〕との音が耳に響き、警察官が駆け寄り、

「大丈夫ですか？」

「怪我は？」

「ええ足が」

「とにかく、病院に行きましょう」

パトーカーに乗って、近くの病院に行きました。

④〔過去〕十代の私は、自分の中で交通規則を守るという当たり前の考えがなく、規則を自分の都合の良いように解釈して行動していました。

⑤〔さて、あの時の私の未来は二通り考えられました〕

〔一番目は、自然体でなく気づきもなかった場合〕

私が、もしも、未熟な考えのままでいたら、この次は、重大な事故を起こし、自分だけでなく人様に、大けがをさせ、人様の人生を、大きく狂わせてしまったかもしれません。

〔二番目の考えは、**自然体で気づきがあった場合**〕

私は、幸いにも、考え方を根本から変えていくべきと気づきました。

その考えは、段階を踏んで、完成の方向へといくはずです。

従って、最初の段階で歯止めをかけておくべきと考えました。

次に、私は、社会を構成している一員です。

私が、規則は元より法を順守していけば、ほんの少しではあるが、社会は安全で平和になります。

同じに、世の中の人の、一人一人が、社会秩序を重んじて、規則や法律を守り行動していけば、皆が日々平和で幸福な社会生活を送ることができます。

本当は、このことは当たり前で、人として基本のことです。

私は、二十歳でそのことにやっと気付き規範ができました。

前にも書いたとおり、二十代の後半に友人と学校を創り、スポーツと文化を通じて、皆にその考えを伝えてきました。

このように、主観的見方だけでなく、客観的見方も大切です。

事に当たる時に、客観的見方をするということは、

〔あなたが物語を書き、台本も書き、演出もして、あなた自身を理想的に演じるということです。

特に大事な場面では冷静に落ち着いて対応しましょう。〕

もしも、相手が、あなたに辛辣な発言をした場合は、特に効果を発揮します。台本に相手の出方、発言がすでに書いてあり、予想されているわけですから冷静に自然体で対応できます。ここで強調したいのは、あなたは、前もってわかっているので、相手の発言に怒りを露わにしないで済むわけです。

本来、心は、球が平面を軽やかに転がるような、自在性を持っています。
球が、もしも、三角錐や、直方体であったら真っ直ぐに転がってくれません。
球が、もしも、でこぼこであったら、きれいに転がりません。
球が、丸い球であるからこそ、きれいに転がります。
球を、転がす面が一方に傾いていたり、凸凹であれば、きれいに転がりません。
球が、まん丸い球で、転がす面が滑らかな平面であるからこそ、きれいに転がります。

ころころ　ころころ　ころころ

◆人生の教典　第六

○自ら動く、自ら変わることの真理

あなたの世界で、解決できない問題は、あなたの前には起きない。
それは、あなたの世界であり、他ならないあなた自身が、両足で立っている舞台だからです。

問題解決で重要なことは、自らが動くこと、自らが変わること。

｛水が欲しければ、動いて水のある所に行けばよい｝

それができるのは、根源的に観れば、人間が動物だからです。長い間雨が降らず、日照りが続けば、植物は枯れてしまい、生命が断たれてしまいます。

日照りが続いて水源が枯れても、人間は、水を求めて移動して、水源に行き着き喉をうるおすことができます。

車が歩道を暴走して、歩行者が信号待ちをしている所に、突っ込んでくる。歩行者が、

「ここは、歩道です。車道を走ってください」

と言っても、状況は変わらない。歩行者が動いて暴走車をよけるしかない。

問題解決の為に自分が動き変われば、人と物または、人と人との関係は、瞬時に変わる。

そして良い方向に導かれる。

○問題を、良い方向にもっていく原理

一、動いて向きを変える。
座っているなら、椅子の方向を変えて、お互いの向き合う方向を変える。

昔から二人が、話し合っていて、話が膠着状態になってきたら、無意識に座り直したり、椅子を動かしたり今の状態を変えようとします。

これを技術的に、

①座る方向を相手の斜めにする。
②さらに、視線をいったん外して他に向けてから、相手を見る。
と、いうようにします。
二、場所を変える。
立ち話をしているなら、他の場所に移動する。

なかなか相手に理解をしてもらえない場合、

「まあ、立ち話もなんですから、どこかで座ってゆっくり話をしましょう」

とよくなります。これも、昔からよくある自然に備わった人間の知恵です。
三、日時を変える。
話し合いが、どうしても良い方向にいかない場合、他の日時に変える。

別の日時に変えれば、それは必然的にお互いの向きと方向は、変わるのでより良い状態に持っていけます。

一、第一章に、ぴったりのお話。

この第一章に、ぴったりのお話があります。

このお話の主人公は、きつねですが、冒頭から登場する可愛いひよこは本書の「日本人の大切な心」

を、実に、素直に表現しています。

それは、まるで天から下された童子のようです。

こんな〔お話〕です。少し耳を傾けてください。


【お腹をへらしたきつねが、やせたひよこと、親しくなる。がぶりと食べようと思ったが、やせているので、もっと太らせてから食べようと考えた。

きつねは、家に連れて帰って、ひよこに、それはやさしく食べさせた。

きつねは、ひよこに、

「やさしいお兄ちゃん」

と言われると、ぼうっとなった。まもなく、ひよこは丸々太ってきた。

ひよこが、春の歌を歌いながら散歩に行くと、痩せたあひるると出会った。あひるに、

「きつねお兄ちゃんは、とっても親切なの」

と言う。それを、かげで聞いたきつねは、うっとりした。

そして、きつねは、〔親切なきつね〕という言葉を、五回もつぶやいた。

きつねは、ひよことあひるに、それは〔とっても親切〕だった。

二人が「親切なお兄ちゃん」の話をしているのを聞くと、ぼうっとなった。

あひるも、丸々と太ってきた。

ひよこが、夏の歌を歌いながら散歩に行くと、

痩せたウサギに出会った。

うさぎに、

「きつねお兄ちゃんは、神様みたいなんだよ」

と言う。

それを、かげで聞いたきつねは、うっとりして気絶しそうになった。

きつねは、ひよことあひるとうさぎを、それこそ、神様みたいに育てた。

そして三人が、(神様みたいなお兄ちゃん)の話をしていると、ぼうっとなった。うさぎも丸々と太ってきた。

ある日、山のおおかみが下りてきた。ひよこと、あひると、うさぎの三人を襲おうとした。

きつねは、さっと、飛び出した！

体に、勇気がりんりんと湧き、おおかみと戦った。実に勇ましく戦った。

そして、おおかみは、たまらず、とうとう逃げていった。

その晩のこと。

きつねは、恥ずかしそうに、笑って亡くなった。

ひよこと、あひると、うさぎの三人は、森に小さなお墓を造った。

三人は、世界一やさしい、親切な、神様みたいな、そのうえ勇敢なきつねのために涙を流した。】

(『きつねのおきゃくさま』あまんきみこ作　を要約)

第一章でお話しした中でも、次の二つのことを思い出してください。

①良き心と言葉は、良き考え方を創り、人格を磨きます。

良き人格は、人生を幸福にします。

②大自然の一切のことは、師となります。

私は、この二つの考え方を、いつも周りの方にお話ししています。また、私の行動規範になっています。

この作品は、この二つの考え方を、実にわかりやすくまとめた傑作です。作者は、この考え方を大上段に振りかざさず、読む人の気持ちに、自然に溶け込むように表現しています。

きつねは、ひよこという良き人と出会い、良き心と言葉で良き考え方を創り、良き人格で、幸福な人生を送りました。

このお話の重要な所は、ひよこの心の在り方と、それに対するきつねの心の動きを、良く観てください。

きつねは、最初は、ひよこを太らせてから、食べようと住処に連れてきました。

以前は、〈やさしくない〉〈親切でもない〉まして、〈神様みたいでもない〉きつねだったはずです。

それに対して、何も疑っていない、心の純真なひよこが、

「やさしいお兄ちゃん」

と言いました。きつねは心を打たれ、優しく振舞いました。きつねは、今までにない充足感を味わったはずです。

そして、

「お兄ちゃんは、とっても親切なの」

と聞くと、その言葉に、心を打たれ親切にしました。

「お兄ちゃんは、神様みたいなんだよ」

と聞くと、その言葉に心を打たれ、三人を、神様みたいに育てました。きつねは、純真な心のひよこ達に慕われ、信頼されている喜びを感じていました。それは、きつねの半生に、無かった気持ちでした。そのひよこ達を、おおかみから守る為に、勇気がりんりんと湧き、おおかみと、勇ましく戦ったのです。

ひよこ達の
何の疑いも無き**純真な心**
心からの信頼の言葉
神様みたいに思う**尊敬の心**
が、きつねの心を動かしたのです。

二、第一章で、お話ししたことのわかりやすいまとめ。

幸せと豊かさの扉　第十四

自然とのふれあい、
人との触れ合い、
文字、言葉との触れ合い、
動物との触れ合い、
皆、みんな、大切にすること。

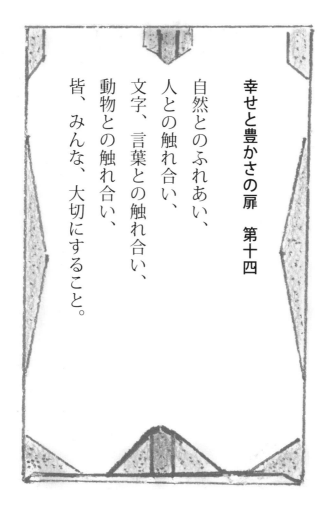

第一章は、〔幸せになる考え方〕ですね。

①第一節の〔幸福の物語〕です。

あなたに、あのきらきらしていた子供の頃に帰って欲しくてお話ししました。

私は、子供の心の中には、神や仏が宿っているのだと思います。あなたも、善の心を持ち、幸せで豊かな人生を歩めるようにと、この世の中に生まれてきました。生まれてすぐに大人になる人はいないわけですから、誰でも必ず子供時代はありました。

その子供時代に立ち帰って**〔幸せで豊かな人生を歩める考え方〕**を身につけようということでこの章は始まりました。

②第二節の〔気づき〕です。

第一の気づきは、**〔良き人、良き師〕**との出会いを、あなたが〔受け止める〕ことです。

第二の気づきは、**〔良き人、良き師〕**に対して（素直）になることです。

しかし、否定をすると**〔良き人、良き師〕**は、そのことに固執して説明していくので停滞し、高い内容のことは、沈んでしまいます。また、あなたも、仕方なくわかったことは、人に喜んで話そうとはしません。

素直に、肯定すると、二人で高い境地に入っていけ、結局あなたが得をします。

そして、得たことを周りの人に、喜んで話したくなります。そして、周りの人達も幸せになります。

第三の気づきは、**〔良き人、良き師〕**の教えに対してできない理由を捜さないことです。言葉は考え方につながります。結局**〔できないのではなくやらない〕**のです。

第四の気づきは、〔**良き人、良き師**〕の最高の教えを、あなたの、〔**行動**〕によりが引き出すことです。

③**第三節の〔言葉〕です。**

良き心、良き言葉は、良き考えを創ります。

良き考え方は、人格を磨き、あなたの人生を幸福にします。

また、積極的な言葉で話すことを心がけると、心も積極的になり、考え方も積極的になります。

この言葉の原理を、わかりやすく〔楽観的考え方〕と言います。

④**第四節の〔自然体〕です。**

第一は、事にあたり、正しい考え方で規定し、それを基準にして行動することです。

第二は、美しく、正しい言葉で正しい行動をすることです。

第三は、起きた現象にとらわれずに、客観的に観ることです。

⑤**第五節の〔ころころ〕です。**

本来、心は、自在性を持っています。きれいな丸い球が、平面上を軽やかにそれこそ［ころころ］と転がるように。

さて、第一章を通じて重要なことをお話しします。

人は、人との関係を持って生きています。

いくら、**日本料理の達人でも、無人島に一人でいたら、意味がありません。人様の為に、**おいしい**料理を作って、食べていただき喜んでもらって、初めて意味があり、達人自身も、喜びを感じます。**

言葉は、**多くの人達に、受け止めてもらえるからこそ、多くの言葉を、多様に表現することができ**

ます。

良い心、良い考えを持ち、良い仕事ができる人でも、そこに、人、世の中があるからこそ、存在しうるのです。

第二章　教えの庭

〔教えの庭〕とは、学ぶという意味での学校のことです。

学校は高校とか大学だけではありません。

〔人は、生きていく日々の中で、学ぶ機会は多くあります〕

第一節　教えの庭

まず、最初は私の少年の時のことです。
①幸せとは、自分の素晴らしさを直視すること。
人は、自分の〔悪いこと、欠点〕ばかり意識しがちで、自分の〔いいこと、長所〕には眼がいきません。

そして、また、〔**悪いこと、欠点**〕を本当のこと以上に、重く受け取ってしまいます。

例えば、持病を持っていると、

「体が、健康ならばあれもできるし、これもできる。何て、私は不幸せなのだろう」

と思ってしまい、本当は、せっかく人より優れた才能を持っているのに、その方は素直に受け止めない傾向があります。

私は、東京の鳥越で生まれ、少年時代を下谷、浅草、浅草橋の下町という人情味溢れた土地柄で過ごしました。

私が生まれた時も、隣近所の人達がお祝いに駆けつけてくれ、自分の子供のように赤ん坊の私を世話してくれたそうで、母は、初めての子で、なにもかも不安だったので、とても嬉しかったそうです。

鳥越は、お祭りが盛んな所で、私も、小さい頃から、お祭りが大好きでした、毎年、初夏の季節になると、鳥越神社の祭りばやしが聞こえてきます。そうすると、いてもたってもいられず、浮き浮きしてきて、

「ひょい、ひょい、ひょい」「わっせ、わっせ、わっせ」

と、身振り手振りをして踊っていました。

あなたに、私の住んでいた鳥越で、こういう生き方をした人のお話をします。

一、日本人の心の物語　第七話　最初の〔教えの庭〕

その方は、すぐ近所の家の人で、家族ぐるみ私の生まれる以前から、お付き合いさせてもらっていた方である。

大鶴さんという名字のその家は、家内工業で、おじさんとおばさんの二人家族だった。

小さい頃の私は、その家は、珍しい物だらけなので、良く遊びに行っていた。

工場の機械が、極めて規則的に動くのが、面白くて仕方がなかった。モーターが動くと、それに繋がっているベルトが動き、連動して別の輪が動き用紙がポンポンと出てくる。

子供なので、おじさんや、従業員のお兄さんが、黙々と働いているのを、いつまでもあきずに見ていた。

おじさんは、見るからに頑健な体で、とても力が強く出来上がった重そうな用紙でも、軽々と運んで出荷していた。大鶴さんは、子供がいなかったことと、私を赤ん坊の頃から知っているせいで、二人の本当の子供のように可愛がってくれた。

その頃にしては、珍しい洋菓子とか、私の大好きな草加のかた焼きせんべいを、いつも出してくれたので、自分の家が、どっちなのかわからないくらい入り浸っていた。

人のいい優しいおじさんは、根っからの職人でその方面では、名人芸なのだそうだが、どういう名人芸なのか、子供の頃聞いてはいるのだろうが、残念ながら、今となっては良くわからない。

御酒が大好きで、夕暮れ時になってくるともうたまらない。仕事を、終えると早々に、ごはんも食べずに酒のつまみをかじりながら、心からうまそうにごくりごくりと飲み始める。

おじさんは、健康そのものだが、おばさんは心配して、

「あなた、体の為に、お酒を少し控えめにしてください」

ぐらいは、当然、言ったのであろうが、おじさんは、別に気にも留めなかったのだと思う。

大鶴さんのおばさんは、おじさんと反対に本当に抜けるように色白で、おまけにやせていて私は大

鶴の名字のように、本当に［白鶴だ］と思っていた。

おばさんは持病があった。喘息持ちでいつも薬を持ち歩き発作が出ると、吸引をしていた。家に居ることが多く、表に出るといっても近所に買い物に出るくらいだった。

好きなことはお料理と読書で、本は、小さい頃の私にはわからなかったが、今から振り返ると古典の『源氏物語』『枕草子』『徒然草』『万葉集』『古今和歌集』『雨月物語』等で、おばさんの和室の書棚には、七、八百冊あった。それも、図書館みたいに、きれいに分類され見出しが付けてあった。

おじさんは、典型的な下町の面白いおじさんだったが、おばさんは、全く、下町のおかみさん風ではなく大学教授夫人のようだった。

近所の有名な物識りで、おかみさん達の良き相談相手になり、自分は、子供はいないのだが、どいうわけかよく知っていて、子供のしつけや、おかみさんと旦那とのもろもろのこと、お料理の献立等を、親切に教えてあげていた。皆が、良く集まってきて、それこそ、おかみさん達の大鶴教室だった。

しかし、近所の皆は、おじさんは、元気そのものなのでいつまでも長生きしてくれると思っていたが、おばさんは、長生きは無理だと思っていた。

ところが、おじさんは、五十九歳の誕生日を、皆でお祝いしたばかりの数日後に、あっという間に亡くなってしまった。

亡くなり方まで、おじさんらしく、ふっと風のようにいなくなったので、私の父が、

「いい人ほど亡くなる時は、あっけない」

と、涙を滲ませていた。

おばさんは、その後、私のふらふらした成長ぶりを、いつも暖かく励ましてくれ、少しでも良いことがあった時は、自分の息子のように本当に喜んでくれ、七十九歳まで、長生きしてくれた。


〔私は持病があって〕は、一般的には〔不幸せ〕と、解釈します。

大鶴さんは、長期の旅行には、行かれないし、映画とか演劇等、人が多く集まる所は、苦手でした。

また、子供にも恵まれず、それだけを観ると一見〔不幸せ〕に映るかもしれません。

しかし、〔一病息災〕という言葉があるように、本人は、決して無茶をせず、節度ある生活を心がけますので、かえって長生きをするということです。

多くの人に好かれ、私には、蔵書の中から、『イソップ物語』『白雪姫』『にんじん』等を、読み聞かせしてくれました。

私は、そのおかげで、本が大好きな少年になり、しかも、何か、わからないことが出てくると百科事典とか、辞書を紐解く習慣が身につきました。大鶴さんのお陰です。

〔感謝してます〕

私の人生の最初の〔教えの庭〕は、浅草鳥越を中心とする下町で、人生の最初の先生は、大鶴さんです。

健康な人なら、あれもしたいこれもやりたいとなる所を、**大鶴さんは、逆にむしろ捨て去る人生を選んだわけです。**

自分の世界を持ち、皆から慕われ、尊敬され、あるがままの〔人生の達人〕のように生きました。

二、生命の美

地方に、大地震が発生し、大津波も起こりました。

また、その後、震度四以上の余震が、一ヵ月以上続きました。

（一）新しい家

全国的に観れば、他の地域にも大きな被害をもたらしました。

幸いにも、この地域だけは、被害が少なかった。そこの人の話です。

この地域に住む五十代の主婦の家は、地震の時は、家の外壁に二メートルぐらいの亀裂が入った。

津波も床下浸水ぐらいで、軽くて済み、自分達も、念の為高台に避難し、家族共々無事で、特に怖い思いはしなかった。

（この主婦は、せっかく、百坪の土地に五千万円もかけて、新しく家を建てたばっかりなのに、外壁

にひびが入ってしまった）

　大地震から四週間後、この主婦の近所の顔見知りの主婦三人が集まった。

「今度の大地震、私の不注意で例えば、車を家にぶつけて、壊したというのではなく、明らかに災害だから家の壁の修繕ぐらい、建てた建設会社が無償で、修繕してくれないかしら」

　一番目の主婦は、

「うん、私も、以前家を建てる時に、そのことを、建設会社に聞いたことがあるけど、建設会社は、天災地変は免責になり、その場合の修繕費はお客様負担になりますって。但し、地震の時に、隣近所が完全に無傷なのに、お客様の家だけが壊れた場合は、私共の施工不良ということで相談に乗ります、と言っていたわ」

「えっ、それなら、災害なのだから、国が、修繕費を援助してくれないかしら」

「漁師の小父さんが、漁業者が船を買い替える場合は、登録免許税というのを免除してくれるって言っていたけど」

　二番目の主婦が、それに続けて。

「それから、被災者が改築する場合は、固定資産税等を軽減してくれるって言っていたけど、あなたの家の小さな修繕の場合は、対象に入っていないと思うわ」

　先程の一番目の主婦が、救いの言葉を投げた。

「そう言えば、〔被災者生活支援法〕と言うのがあって、市の方で今度の大地震で、被災したことを証明してもらうための証明書で、その、被災証明書を発行してもらえばいいのよ、出す基準は、国ではなく市が、判断することになっているのだって。国か市の方から、修繕費を出してくれて、全壊が百万円。大規模半壊が五十万円出してくれることになるけど、損壊と一部損壊は○円ですって、残念ながら、あなたの家の壁のひび割れは一部損壊だから出してくれないと思うわ」

「それなら、これは大規模半壊だと主張して、五十万円もらうように進めればいいんだ」

「あなた、しっかりしているわね。そんなの、市の方で必ず見に来るから、すぐわかっちゃうわよ」

この主婦は、さらに、

「地震で、食器棚に入っていた皿や、コップが壊れて散乱した」

「机の引き出しが、パーンと開いてしまい、中に入っていた物が、全部畳の上に放り出された」

「それと、新しい本箱のガラスが割れ、中の本も畳に放り出され、かたづけるのが大変だった」

と、新しい家の被害の修繕費のことと、家の中のことばかり言っていた。


まず何よりも、家族や、自分の体の無事だったことを喜ぶべきだと思うのですが。

(二) 人の根源

①避難所生活の最初の頃の食事は、充分な物は供給されず、缶詰、パン、ソーセージ等だった。

一週間後に、電気も通り、暖かいカップ麺が、皆に配られた。

みんな、一様に、口々に、

「暖かくて、おいしいです」

「とてもおいしい、有り難いです」

と笑顔で感謝し、避難所の空気も暖かくなった。

一般的に見れば、カップ麺は、

「私の若い頃は、貧乏で、夕食と言っても、いつも買い置きしてあるカップ麺に、お湯を入れて食べる毎日でした。あの頃は、一度でいいから、テーブル一杯の中華料理とか。こんな分厚いビーフステーキとか、寿司を、カウンターで、右から左まで腹いっぱい食べたかった」

と、貧乏時代の話に出てくるくらいです。

しかし、大地震で、避難所生活を余儀なくされた方は、こんな素朴なカップ麺でも感謝します。

一般的な考え方では、人間の欲望は、無限です。

しかし、この方達は、違っていました。

この方達は、大地震で、確かに、被害にあったが自分の命は助かったわけで。そこが、一番重要なことです。

自分の足で立ち、歩け、充分ではありませんが、食べ物を食べられ、快適ではありませんが雨露をしのげる所で寝られます。

この方達は、自分を見つめ、しっかりと大地に立って生きていく純粋の喜びを得ました。

〔生きる〕

そのことを、一人でも多くの人達にぜひ伝えてほしいものです。

②地震の直後の、大津波の情報が入るのが遅かった中年の女性の勝田房子さんは、大地震の起きた日、一人で家の居間にいた。
その日の、午後二時四十五分すぎ。

窓ガラスが、カタ、カタと音がし、すぐに硝子戸もガタガタと、揺れ始める。

「あれ、風かな」

すると、突然、激しい揺れに襲われる。

ミシ、ミシ
とても、立っていられないので崩れるように座り込む。台所の方で、お皿や茶碗が落ちて割れる音が聞こえる。

少し揺れが収まってきた。

「津波だ、逃げろ」

と、男の人の大声が耳に入る。

窓を開けて、外を見るとすでに、道路が水浸しになっている、津波は、もう近くまで迫っている。

とにかく、家には、自分一人。逃げようということだけで、手元にあった小さなハンドバックだけを手に持って、家を出る。

家を出て後ろを振替ると、もう、盛り上がった木くずの山が押し寄せてくるのが見える。

津波の、

「ごう、ごう」

という音。

家が押し流され互いにぶつかっている。

「みし、みし」

という音に追いかけられるようにして、命からがら走って逃げる。

「逃げろ」「急げ」「走れ」

と、男の人が叫んでいる。

「グシャッ」

背中の方で聞こえる。おそらく、家がつぶされる音だ。

思わず、その時、一度だけ振り返ると、真っ黒な海水が、家をのみこんでどんどん近付いてくるのが見え、たまらず、手につかんでいたバックを、投げ捨てる。

高台の避難所まで、やっと逃げきり、助かった。

息をついて、下を見ると、あたり一面が海になっていた。

勝田さんは、避難所で、ゆっくりした後、

「男の人の声で、津波だ、逃げろと、声をかけてくださった。津波が押し寄せてきて、自分が逃げるのが精一杯のはずなのに本当に助かりました。今から思うと神様のようです。ありがとうございました」

と、手を合わせ合掌した。

「やはり、海に近いお婆さんのことが心配です。それと、地震が、ひどかった地区の友達が大丈夫なのか、二人とも連絡が取れません」

と、人のことを気づかった。

(三) これからの半生を、人のために尽くしたい。

地震の当日、市役所に勤める五十代の男性の東海林守さんは、仕事で、海辺から約六十メートルの所に居た。

大地震に見舞われはしたが、海には、海上に、高さ約六ｍの防波堤がそびえ立っているし、しかも、海岸沿いには、高さ約五メートルのコンクリート造りの強固な防潮堤が二段構えで備えられている。

津波は来るとは思っていたが、まさか、これらを越すほどの大津波は来ないだろうと、判断していた。

ところが、判断が甘かった。あっという間に、大津波は、防波堤を崩し、防潮堤までも崩してくる。

必死になって走って逃げる。背後の人達が、次々と水中に消えていく。遂に自分も、間に合わず大津波に巻き込まれてしまった、猛烈な勢いで流される。流されながら、必死に高い木の枝や、流木をつかもうとするが、とても無理。頭のはるか上を、波が押し寄せ水を飲んでしまい、段々と、意識が遠のくなかで、

(俺も、これでおしまいか)

と、脳裏に浮かぶ。…………

しばらくして、誰かに、肩をたたかれる。遠くの方から、何か言っているかのように、聞こえる。

「ダイジョウブデスカ」

「大丈夫ですか」

やっと、我に帰る。

「助かりましたよ、良く耐えましたね」

と、中年の男性に、助けられた。

(生きている)

幸いにも、意識が薄れた直後に波が引き、水死を逃れたようだ。気がつくと、高い丘の上まで流されていた。怪我は、擦り傷程度だった。

東海林さんは、この時感じた。

東海林さんは、今まで、全く経験したことのない世界を見る。

大津波が去った後、あたり一面しんと水を打ったような静寂さが覆う。

一切の過去の世界は閉ざされ、その後に、神が降りてきたかのような新世界が始まる。

それは、人類の誰もが今まで触れたことの無い新時代の幕開けだ。

東海林さんは、過去の考えや、価値観をぬぐい捨て、その瞬間から新しく生まれ変わり、第一歩を踏み出した。

東海林さんは、その後、

「九死に一生を得た命、幸い私は市役所勤めです。**これからは、この生かされた体で、残りの半生を、人の為に尽くしたいです**」

と、むしろ、さわやかな表情で語った。


このように、人は、命にかかわるぎりぎりの状態を体験すると、今日、ここに命があることを、とてもありがたく受け止めます。
(一)の新しく家を建てたばかりの人の話も、わからないわけではありませんが、物質の世界は、限りがあります。有限の世界です。
豊かな生命自身は、尽きることのない無限の世界です。

（四）感謝

大地震から二十日後。

ガスが、まだ通っていない地域に、やっと、ガス会社の作業員の人が来てくれて、ガスコンロに青い炎がついた。

長い暖かい炎だ。

その家の舟川さんの奥さんは、喜び、涙をにじませ、作業員の人に思わず、

「お蔭さまで、有難うございました」

自然に頭が下がり、お礼を言った。

「いいえ、会社としては一日も早く復旧をしなくてはと思っていて、やっと、この地域が工事が終了できてホッとしています」

「これで、揚げ物、煮物等ができ、家族に色々な料理を作ることができます。ありがとうございました」

本来なら、ガスがあり、料理ができるのはごくごく当たり前のこと。

日常生活で、ガスが急に止まり、ガス会社の人が来て修理をしても当たり前で、むしろ、

「何でガスが急に止まるんですか。お料理ができなくて困ってしまいました。もっと早く、来てくれなくては」

修理してくれたことを、感謝するどころか、止まったこと自体の、文句を言うことになるでしょう。

舟川さんは、大地震から二十日間大変不自由な思いをしたので、これで家族に、暖かい料理を出せるのが心から、

「どうもありがとうございました」

となりました。

その日の夜、家族が、台所に集まり一人一人が、ガスをつけてみた。青い炎がパッとつき、みんなの笑顔を照らし、家の中を暖かく包み込んだ。通常なら、栓をひねってガスが出るのは、ごく当たり前のことです。

この家族にとっては待ちに待った、暖かい炎だった。

舟川さんは、ガス会社の人が、〈暖かさ〉を運んでくれたからこそ、家族に暖かい食事を作ることができるのだと感謝の気持ちをいだきました。

◆人生の教典　第七

大切なことは、人と人の〈絆〉。

人が、こうして、社会のそれぞれの位置で、自分の役割を果たしてくれるからこそ、社会が成り立っている。

三、生命の美のまとめ

（二）のお話の勝田房子さんは、後ろから大津波に追いかけられ、必死に走って逃げる時に、
〔生きる〕
ということを今までの半生の中で、一番強く感じました。
「もう、これで終わりかと思ったけど、皆のお陰で生きられました。ご好意で、こうして温かい食事をいただき、雨露がしのげる家の中で寝ることができます」

（三）のお話の東海林守さんは、
「**ここに皆がいる。皆の顔が見られる。皆の笑顔が見られる。皆の声が聞こえる。こんなに幸せを感じたことは今までありません、とても嬉しいです。みんなどうもありがとう**」
と言っていました。

勿論、災害は無い方がいいのですが、（一）の避難した人達と、（二）の勝田房子さんと、（三）の東海林守さんと、（四）の舟川さんの奥さんは、今度の体験を通じて、**〔人を大切にする心〕**が、自然に生まれ、**〔真の生きる喜び〕**と**〔感謝の心〕**と**〔絆の大切さ〕**と**〔人間としての根源〕**を、自分達の体験から学びました。

第二節　頭が良いとは

親としては、子供をいかに育てるかは非常に重要なことです。

親は、子育て次第で子供の将来は、バラ色の人生を歩んでくれるという切実な期待を持っています。

私は、世の中の親は、どのくらいこの期待を持っているのかと思い調べてみました。

子供の教育書は、何と五千冊近くも出ていました。

男の子の為、女の子の為と性別に、また、幼児から児童までの年齢別にと、きめ細かく出版されていました。教育熱心な親の顔が、浮かんできて思わず微笑みたくなります。

この章では、この親の教育熱心さに便乗します。

私は、他の書とは違った角度から、〔心身の才能を育てるコツ〕をあなただけに、そっとお話しします。

あなたが、もしも大人だとしても、【私は、もう充分大人だから、今更〔**才能を育てる**〕話なんて】とは思わないでくださいませ。

話を聞いてから、もう一度あなたの通ってきた道を振り返り照らし合わせてください。

中年の人でも、人生の先輩の人でも、決して、もう遅いということはありません。

必ず得ることがあります。

幸せと豊かさの扉　第十五

真の頭の良さは、記憶力、計算力、知識だけではなく、
物事を奥深く見抜く洞察力。
最も大切なのは物事を現象だけで判断しないこと。

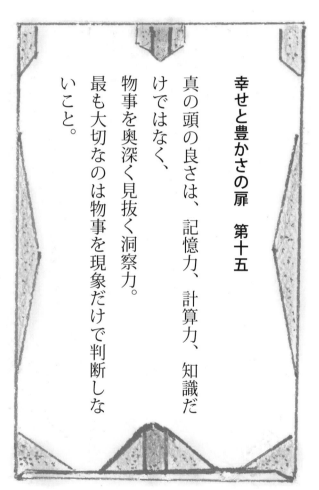

〔あの人は頭がいい〕と言います。

誰でも、人から『頭が悪いねえ』と言われるよりは「あなたは頭が良いですね」と言われたいです。

親も、自分の子供は〔頭の良い子〕に育てたいと思います。

では、〔頭がいい〕とは、または〔頭が悪い〕とは、そもそもどういうことか。それこそ、頭を使って考えましょう。

まず、一般的物差しは、学歴と職業です。

（一）学歴

〔頭が良い〕

一流大学卒業で頭が良い。

「あの人は、東大卒だって、きっと頭がいいのよ」

（二）職業

〔頭が良い〕

医者、学校の先生、弁護士、事業家。

「あの人は、大学教授だって、随分まじめそう。きっと頭もいいのよ」

〔学歴〕と〔職業〕の項を各々、本当に頭が良いのか検証を始めようと思ったのですが、ハタと気づきました。

一流大学卒か、または、この職業の人は、本屋さんで本書を手にしても、この項を読んで、パタッと閉じてしまい、帰ってしまうので検証もやめることにします。今度は、別の角度から頭を使って「考えます」。

(三) 記憶力

①｛あの人は、頭が良い｝

「あの人は、五人の氏名を一回会っただけで、すぐに覚えてしまう。なんて頭のいい人だ」

②｛あの人は、頭が悪い｝

「あの人は、何回言っても、物覚えが悪くて覚えられない。頭が悪い人だ」

(四) 計算力

①｛あの人は、頭が良い｝

「テレビを見ている時、ドルの話が出てきて、｛円ならばいくらになる｝となり、すぐに｛何円｝と答えられ、計算が速くて、頭が良い人だ」

②｛あの人は、頭が悪い｝

「買い物をした時、払う前に、合計いくらになるのか、なかなか出てこなくて、店側から『○○円になります』と言われて、結局は足りなくて、あわてて財布から取り出してカッコ悪い。頭が悪い人だ」

（五）博識

①〔あの人は、頭が良い〕
「あの人は、どんなことを聞いていても幅広く知っていて答えられる。頭が良い人だ」
②〔あの人は、頭が悪い〕
「あの人は、自分の仕事のことしか知らない。世の中のことを、何も知らない。頭の悪い人だ」

記憶力が良くて、計算が早い、そして幅広い知識を持っている。これらは、確かに頭が良いと言えます。

例えを挙げます。

しかし私は、幸福になる為の頭の良さとは、〔洞察力〕だと思います。

〔洞察力とは、優れた判断力で、物事を奥まで深く見抜くことです〕

人は、一般的に、ほとんどの人は、〔病気になった〕と、受身の形で言います。

本当は、〔自分自身が病気にした〕です。

病気にしたのは、誰かが、あなたを病気にさせたわけではなく、自分自身が病気を招いたのです。

ということは、重大な病気、または、伝染病でない限り、過去の自分に原因があり、その結果が、今日、病気という形で出てきたのです。

病気になった。即、薬を飲もう。だめなら病院に行こう、という考えを根本から見直しましょう。

そして、自分の生活を見直してみます。何か悪い習慣があるのかもしれません。

原因を探りましょう。

その原因がわかったら、良い生活習慣を身につけると、病気も好転します。病気が、良くなるのは、短期間ではありませんが、長い目で見れば、病気を再発しない健康な体を手に入れることになります。

［原因は何か］鋭く追及する。それが、洞察力を磨く第一歩です。

真の頭の良さは、記憶力、計算力、知識だけではありません。

物事を、奥まで深く見抜く洞察力です。

洞察力で最も大切なのは、第一章で、お話ししたように、物事を現象だけで判断しないことです。

洞察力は、第一章の〔幸せになる考え方〕を身につける為の重要なことです。

第三節　記憶

洞察力のお話の続きを話す前に、記憶のお話をしましょう。

結論から言うと、**〔人の記憶は、実にあいまいで不確か〕**なものだということです。

（一）晴れ男。

「私は、晴れ男でして、例えば、大事なゴルフコンペの時等、前日まで雨だったのが当日には、スカッと晴れてゴルフ日和になったりします。私は、良くこういうことがあります」

(二) 雨女。

「私は雨女です。久しぶりの旅行で、現地について、朝早く山にハイキングに出発しようとしたら、前日まで良く晴れていたのに、どしゃ降りの雨で、仕方が無くハイキングが中止になったりします。私は、良くこういうことがあります」

(一)の〔晴れ男〕の場合です。

少々の雨の時や、降ったりやんだりの時は、曇りだと解釈したり、またはそのこと自体を忘れてしまったり都合の良いように解釈しています。そして大事なゴルフコンペが晴れで、しかも優勝したりすると、なおさら晴れと優勝が結び付き強調され、記憶に特別に残ります。

このように、記憶は、いつしか自分の都合のよいこととか、良い方向に覚えるもので不確かです。

もう一つ、別の例を挙げます。

(三) 賭け事

競馬で、大穴を当てた本人は、とても有頂天になり、友達に「とった、とった」と吹聴します。本人には強烈にうれしいことなので、当然また、競馬をやるでしょう。しかし、振り返ってみると、むしろ当たらずに損していることの方が多く、たまに、大穴を当てても、合計すれば損しています。

しかし、大穴を当てたのは、自分を中心に考えると、特別な情報を手に入れて、レース展開の作戦を考えて、ずばり当てたのですから強く印象に残ります。都合のよいことなので、自分では無意識に、記憶に残そうとします。

損した時も、自分で得た情報で、レース展開を考えた過程は、同じはずです。

しかし、誰もが注目していない、予想外の馬が、一着を取ってしまったので仕方が無いと、自分に都合よく結論づけます。本当は、同じレースで誰かが、大穴を当てて、ほくそえんでいるのです。

むしろ、何回も損しているのですが、自分にとって都合が悪いことです。従って、忘れてしまいたい記憶なので残さないようにするのです。

(四)〔記憶〕が不正確の為に悪い場合。

人類が、誕生して以来今日まで〔記憶〕というものが不正確の為、

「私は、あの時こう言った」

「いや私は、そんな風には聞いてない」

と、昔から各時代で、多くの人が、問題を起こしてきたはずです。**これらは、人の記憶を人自身が正確だと思っていたからで、実際には記憶というものは、あいまいなものだということを理解してないために起こる問題です。**

(五)記憶が不正確の為にむしろ良かった場合。

①不幸な出来事。

親しい人が亡くなった場合、直後はとても悲しく、胸が締め付けられ、どん底に落ちた気持ちになります。しかし、月日が過ぎると、段々と悲しみが薄らぎ、どん底から少しずつ立ち直ってきます。

②いやな出来事。

信頼していた人に裏切られてしまった。

裏切られた直後は、

（あれだけ信頼していたのに、私を裏切るなんてなんてひどい人だ）と、怒り心頭に達します。しかし、別の新しいことに専念している内に、月日と共に怒りも薄らいでいき、段々と忘れていきます。

子供はもっと面白いです。

友達と、けんかして泣きじゃくって帰ってきて「○○ちゃんが――」と、なんだかんだ言っていたくせに、翌日になると、けろっと忘れて同じ友達とキャッキャッ言いながら楽しそうに遊んでいます。

親からすると、勿論、仲良くしてくれた方がいいのですが、〔昨日の喧嘩は何だったの〕と、言いたくなります。

◆人生の教典　第八

人間が、人生の中の、体験したいやな出来事や、悲しい出来事を、もしも、恒久的に、全て覚えていたら大変なことになり、重い、大きな苦しみを、一生背負って生きていくことになる。

実際には、人間の記憶は、年月と共に薄らいでいき、やがて忘れていく。

大自然は、有り難いことに、人間が、生きていく上で、生きやすいようにと、優しく創ってくれた。

あなたが、もしも今悲しい出来事があり、胸の中にいっぱい抱えていたとしても、年月がその悲しみを段々と少なくしてくれ、やがて消し去ってくれる。

(六) 記憶が不正確の為に、生活上困る場合

人の記憶が不確かなのは、困ることも生じます。

私の友達で、進藤という人がいます。進藤は、浅草橋で社員十名の小さな印刷会社を経営しています。

父親の代からの会社を受け継ぎ、二代目です。

進藤は、自分では、記憶力は良いと思っていて、手帳を持ちません。私と浅草橋の駅で待ち合わせの約束をした時です。日日と場所は覚えているのですが、時間は忘れています。当日の朝になって、電話がかってきます。

「今日さ、何時だっけ」

と、確認の電話が来ます。このようなことを何回も繰り返しています。完全にすっぽかすわけでは

ないので、こっちもしょうがないなとは思いますが、特に強くは言いません。他の人に対しても、同じことを繰り返していますが、進藤は、いい奴なんで、他の人も強くは言いません。

進藤は、約束したことを、その時は覚えるのですが、日日がたつと一部は忘れてしまうものだと言うことに気づかないのです。だから何回も繰り返すのです。

一般的な話に戻りましょう。

（四）の記憶が不正確のために悪い場合で、私が、話したように、人は、お互いに話している内容を、後日忘れてしまうとは決してその時点では思いません。しかし、その時点から時が過ぎ、月日が経つうちに内容があいまいになり、不正確になっていきます。

私は、相手に必ず実行して欲しい時は、内容の重要なポイントのみを、紙に書きその場で手渡します。

付き合いが浅い人は、今、話し終わったばかりの内容を紙に書いて渡されるので、そこまでしなくてもと戸惑いますが、結局、実行されないと、事が前に進まないので、そうしています。

第四節　洞察力を磨く

さて、いよいよ、洞察力のお話に戻ります。

第一節で、洞察力を磨くには、〔原因〕は何かを、追求することです、とお話ししました。

次に、重要なことは、物事を注意深く観察することです。

人間関係で言えば、あなたに対して、あの人はやけに反感を持っているのでは、と感じる場合です。

会社内の人間関係は難しいです。人間関係がこじれて、会社を辞める人もいるぐらいです。

会社員の人は、合わない人とでも毎日顔を突き合わさなくてはならないし、仕事上避けることもできない場合もあります。

どうしたらいいでしょうか。まず現状をはっきりと認識することです。

一、具体的な方法です。

今日、あなたがその相手に、

「私は、それは、右だと思います」

と話します。相手は答えを、

「いや、それはこういう理由で左だ」

と反論したとします。あなたと相手の論旨を、記してください。

ここで特に注意することは、第三節の記憶の〔人の記憶は実にあいまいで不確か〕だということです。

従って、（あいつは、俺にいつも逆らうのだから覚えておこう）では不足です。できるだけ正確に記してください。

この方法は、相手の気持ちを計ることになるので、相手には失礼になるかもしれませんが、結局は相手の為にもなることなので、お許しを願って前に進めます。

さて、六ヵ月後、同じ話を相手に話します。

今度はわざと、

「私は、それは、左だと思います」

と、言ってみてください。相手が、

「いや、それはこういう理由で右だ」

とまた、反論してきたら、あなたに対して反感を持っていると見て間違いないでしょう。

さて、万が一の為に、**基本の碁をあなたに伝授しましょう。**


基本の碁の始まり、始まり。

まず、最初に、すべきことは、自分の取り巻く環境を良く観察し、味方を多く作るべきです。

あなたを、良く思っていない人が多くいると、逆風になった時に、さらに悪い方向に行き、結局落とされます。

人は、事変が起きると、残念ながら、最終的には事の善悪よりも、周りの状況で判断し、自分の利がある方に、そして情勢が、優位な方に流れ味方します。

基本の碁と、大げさな言い方をしていますが、本当は、女の人は、ごく普通にこのことをやっています。

あっ、そうです、忘れていました。

実際の話し合いの場面で、**女性の特性として付け加えるべきことがあります。**

それは、話術の巧みさです。男の人は、女の人と言い争うとその多弁さに負けてしまいます。

私の見解では、男の人と女の人と比べると全ての面で、男の人の方が優位に立っているので、女の人は、それを補う意味で、身につけているのです。

〔これらは、大自然が、女性が男性と平等に生きていくために与えてくださった贈り物です〕

従って、男性は、女性と争ったら結局は負けるので、女性と争うの避けるべきです。

前置きが長くなりました。

二、では、対策です。

あなたと相手との関係です。態度とか言葉を振り返ってみましょう。

一〔観察〕**が済んだので、次は、第一節でお話しした**〔原因〕です。

一般的には、なんでもないことでも、あなたに、反感を持っている人はあなたの態度、言葉に敏感に悪い方に反応します。何でも悪い方に受け取ります。

あなたにとっては、ほんの些細な小さなことでも、悪い方に受け取るのであなたは気がつかないこ

ともあります。

不謹慎な言い方かもしれませんが、ここは、楽しんで余裕を持って、思い当たることはないか探っていきましょう。

思い当たることがあれば、今度は〈言葉と態度〉に注意深く気を配ります。

神経質にならないで楽しんで、余裕をもって接します。そうすると、相手との関係は、表面的には良くなります。ここで、表面的という言い方をしましたが、こういうことです。

あなたは、相手にとって心地よい〈態度言葉〉を続けて投げかけます。

わだかまりはあるでしょうが、〈演技〉でいいのです。

さあ、それでは、お芝居的に第一幕が開きます。

相手の目を見て、明るい声で、

「お早うございます」

相手も、仕方がなく、きっと、

「おはよう――」

くらいは返すでしょう。

相手の顔を見て、笑顔で、

「今日も天気が良くて、**気持ちがいい朝ですね**」

相手も、やむをえず、

「まあ、ほんとに」

くらいは、言うでしょう。

ここで重要な言葉は、あなたが言う〈**気持ちがいい朝ですね**〉です。

「今日も、天気が良くて」の当たり前の表現に対して、「気持ちがいい朝ですね」は、あなたの心を表しています。

できるだけ、相手と共通の心を示す表現をします。本書の〈**心と言葉は、表裏一体で心と言葉が考え方を創っていく**〉です。

相手も、少しではありますが、あなたに賛同する心を示す言葉を、あなたに返しました。

では、舞台は第二幕に変わります。

今度は町に出て、レストランに一緒に行く計画です。あなたなら、きっと上手くいくはずです。

「お早うございます」

相手は、前回より、パッとこちらの方に顔を向けて、明るい声が返ってきました。

「お早うございます」

「この頃、良い天気が続きますね」

「本当に気持ちが良いですよね」

相手の方から、心を表す表現をしてきました。二人の間は、少し良い方向になってきました。

「ところで、会社を出て、駅に向かってすぐの所に新しいビルができたでしょう」

「はい、濃い灰色と白のビルで、一階にお店が入っている」

「あそこの一階の左奥に、パスタのおいしい店ができたので、今日の昼一緒に行きましょう」

「ああ、いいですね。ぜひ、行きましょう」

一緒に、食事するのは、とても親しみが増していいことです。

第一に、二人の間に、言葉が、行き交い話が盛り上がります。

第二に、人間の本能の、もっとも最大な食欲を満足させます。

私が強調したいのは、二**人が同時に、同じ満足感を得られることです。**


あなたも、いくら社内の人でも、あなたに、反感を持っている人に、自分から、丁寧に挨拶をしたり気候の話をするのは抵抗があると思います。最初は、演技で、お芝居を楽しむつもりで行きましょう。

重要なのは、相手から賛同を得られることと、共通の心境を創ることです。

あなたが心地よい言葉を投げかける。

――相手も心地よい言葉を返す。

さらに、あなたが、心の共感を得る言葉を投げかける。

――相手も、また、心の共感を得る言葉を返す。

次に、お話しすることは大切なことです。

そうすると、**相手も、あなたに反感をもって接していた時よりも、好感をもって、交流をする方が、ずっと居心地が良いことに気づきます。そうなると、他の誰よりも親しくなれるかもしれませんね。**

幸せと豊かさの扉　第十六

相手にとって気持ちの良い言葉や態度を投げかけることは、相手の心の変化を目の当たりで実感するもので、洞察力を磨く。

また、〔人の心〕〔言葉の大切さ〕の基本が、現実を通して身につく。

あなたが、幸福な人生を歩める基礎となる。

◆人生の教典　第九

物事を良い方向に考える真理

○人生には、難しい問題がある方が良い

野球の試合で、平凡な、レベルの高くない投手の棒球を打って、ヒットの連続で得点を重ねていく。最初のうちは、これは簡単に勝てると思っているが、六回、七回と回を重ねていくと段々と詰まらなくなる。

第一、張り合いはないし、スポーツの醍醐味も味わえない。

大会に出場し、決勝戦にまで進出した。ところが、決勝戦の相手は、大会屈指の名投手を擁しているチーム。その投手の球は、うなりをあげて飛んでくるスピードボールと、打者の手前で急激に変化する球を使い分ける。それも全く無表情で、三振を取っても［当たり前だ］という顔をしている、憎らしいくらいの名投手。

来週の決勝戦まで、あと一週間しかない。大変なことになった。大問題だ！

もしも、この時、

〔えー、決勝戦の相手は、ものすごい投手のいるチーム。しかも、打線も一番から八番まで、全く息が抜けない打者揃い。ついてない、どうせ負けるに決まっている〕

と、試合をする前からこう考えたら、何も得られないし、将来にもつながらない。
こう考えるべき。
平凡な投手の相手をするより、名投手の球を打つのはめったに経験できないことなので価値がある。
一番目は、
〔決勝戦に備え、名投手の研究と、それに基づいた練習をする〕
二番目は、
〔決勝戦で、名投手の球を打つ貴重な体験ができ、さらなる技術向上が図れる〕
という、良い方向に考えるべき。
今までより大きな舞台に上がれ、新しい環境に置かれたからこそ難しい問題が起きたのである。
問題が起きたから不幸になるわけではなく、問題を跳ね返す方法を知らないか、跳ね返そうとしないから不幸になるのである。
実際に、私達は、生きていく上で日常の心配事は、後から後から起きてくる。
しかし、こうした日常の苦労を重ねていくことが、人生の、大きな問題や災害に出くわした時に、乗り越えていく原動力となってくれる。

第五節　日本人の心の物語　第八話　不思議な物語

五月にしては、少し涼しい日の夕刻。

いつもの、私の楽しみな時間がやってきた。

小学三年生の堀内正男君が、ドアーを開けるなり、一目散に、こちらに来た。

人懐っこい眼を、こちらに向け、

「先生、これあげる」

「えっ、何、何」

「このまえ、僕のたんじょうかいの時、お父さんからもらったの、先生にもあげる」

「だって、いいの、正男君のでしょう」

「うん、読んで、とてもおもしろかったから、お父さんにたのんで、もう一冊買ってもらったの。先生にあげる」

「ふーん、中、見ていい。へーえ『十五少年漂流記』かあ。懐かしいな」

思わず、大きい声で、

「……あっ、もしかして、正男君の家、向ケ丘高校の前を曲がって……左側の三軒目の家?」

「うん」

少し、間があって、

「と、いうことは、お父さんは、医療機器の会社を継いで、社長さんでしょ」

「えっ、先生よくしっているね、なんで」

………

私の頭の中で、『十五少年漂流記』と〈堀内〉の名前がぱっとつながって、少年時代のある思い出が蘇ってきた。

今の今まで、〈堀内〉という名前から全く考えもしなかったのだが、〈本の名前と堀内の名前〉の二つが、つながった。

これだけでは、あなたには、何のことだかまだわかりませんね。

実は、あまりにも面白い話なので、少しもったいぶっているのです。

昔々のこと。

私は、小学三年生の春、下町の鳥越から、引っ越しをして、台東区から文京区の小学校へ転校してまだ間もない五月に、クラスの友達から、誕生会に来ないかと招待された。

転校したばかりの私に、声をかけてくれたことがとても嬉しくて、喜び勇んで贈り物を持って友達の家に出かけた。

最初に、友達のお父さんが、友達に、贈り物の本をあげた。

その後に、他の皆が、友達に贈り物をあげた。

少し経ってから、皆にはわからないように、友達のお父さんが、私に、優しい笑顔で贈り物をくれた。思いもかけない出来事で、戸惑いながら開けてみるとそれは、『十五少年漂流記』だった。

私が、転校生だったので励ましてあげようと招待してくれ、息子にあげた本と同じ本をくれたのである。

あなたは、もうおわかりだろうか？　そうなのだ。

私の、眼の前にいる正男君は、私の小学校の時の、同級生の大事な一人息子だった。

まあ、なんという不思議な巡り合わせか。

私は、この小学校には二学期しか行かなかったので、堀内の名前は記憶から消え去っていたのだろう。


第二節で話したとおり、記憶って面白いです。

もしも、正男君が、お父さんからもらった本を、スポーツ学校のサロンで読んでいただけなら、私の記憶は、戻っていなかったです。

私に『十五少年漂流記』を贈り物としてくれたからこそ、私は、嬉しくて心の奥底に眠っていた記憶が、本当にパッとよみがえったのです。

私は、第一章の第三節で、

〔言葉、心と言葉は、良き考え方を創り人格を磨き、良き人格は、あなたの人生を幸福にする〕と、お話ししました。記憶もまた、心の動きと連なっています。

例えば、次のことは記憶に残ります。

①とても楽しかったこと、とても嬉しかったこと、とても幸せだったこと等、良い思い出です。
反対に、次のことも記憶に残ります。
②とても苦しかったこと、とても怖かったこと、とても悔しかったこと、とても厳しかったこと等、良くない思い出も記憶に残ります。
芸事、体育のある分野では、非常に高い技法の習得をする際に、この理論を活用しています。この人の心の動きを、良く研究されていて、しっかりと学習体系化しています。

堀内家では、二代続けて男の子の九歳の誕生日に『十五少年漂流記』を贈る習慣があったわけです。

私の同級生の堀内君の、お父さんの優しい思いやりは、堀内君を通じて孫に伝わったわけです。

正男君は、自分が読んで面白かったので、先生にも読んで欲しいと、持ってきてくれたのです。

こういうふうに、堀内君のお父さんの、優しい贈り物。

同級生の堀内君の、私が、転校生だから寂しい思いをしているのではと、誕生会に誘ってくれた思いやり。

生徒の堀内正男君の、自分が読んで面白かったので、先生にも是非という優しさ。堀内家の、良き家風として次の時代に受け継がれ、人々に幸せをもたらしてくれることでしょう。

この『十五少年漂流記』は、十九世紀後半に活躍したフランスの作家ジュール・ベルヌの作品です。

彼の作品は、他にも有名な『八十日間世界一周』『海底二万里』等、面白い作品を書いています。

ベルヌは、一八二八年フランスの港町ナントに生まれました。

『十五少年漂流記』は、一八八八年ベルヌが、六十歳の時の作品。

今の六十歳と言うと、まだ意気揚々で、新しく趣味を始めたり、まだ若いですが、百年以上前のその時代の六十歳は、もう晩年と言ってもいいくらいの年代の長編です。しかし、冒険物語として、少年達の胸を、わくわくさせる小説に仕上げています。その意味でも、この作家の才能は秀逸と言えます。

物語の登場人物は、八歳から十四歳までのイギリス人を中心とした、フランス、アメリカ人の三カ国の十五人。ああそうそう、『ファン』という名の飼い犬もいます。

少年達は、ニュージーランドの首都オークランドの名門校の生徒達です。

少年達は、思わぬ事故で乗っていた美しい帆船が漂流してしまいます。

無人島に流れ着いた少年達は、この島で、二年間、生きてゆくことになるのです。始めは、国籍や性格の違いによる対立をします。しかし、徐々にまとまってゆき、島に名前をつけ、洞穴の前の川は、故郷を記念してニュージーランド川という名を付けました。さらに、島の大統領は、最年長で性格も温和で皆から尊敬されている少年を選出します。こうして、自分達だけの小さな国を創り上げてゆくのです。

少年達に、厳しい自然の危険と困難が立ちはだかります。

十五人の少年達は、次々と起こる困難を、友愛と協調の精神で力を合わせ乗り越え、たくましく生きていきます。

私は、第二章の時にもお話ししましたが、小学生の時のクラブ活動も、図書部に在籍したぐらいの大の本好きでした。

この物語を、胸をわくわくさせ夢中になって読んだのを、昨日のことのように思い出させます。

人は、追いつめられて絶対だめだという状況でも、あきらめずに、皆が力を合わせてゆけば乗り越えてゆける。

私は、この物語から〈友情と勇気〉をもらいました。

大人になると、これは、物語の上だから上手くゆくのであって、現実にはこんなにうまくゆくわけないと考えたり、別の大人は、物語として上手くまとめてあるので、教育書として少年達に読ませようという魂胆だ、という見方もあるかもしれません。

私は、どちらの見方も良いと思います。とにかく、一人でも多くの少年達が、読んでくれればよいのです。

少年の頃は、真っ白な心で、物語に共感し、素直に受け入れます。

少年時代は、純真でその時代に良書を読むことは、人間創りの上で大切なことです。

第六節　お父さんの幸せ講座

最近の父親は、私の父親の時代の頃に比べると、まるで元気がありません。

昔は、お父さんもそうですが、おじさんも、とても存在感があり、そこにいるだけで、空気が変わっていました。

子供に対しても、真正面から接してくれました。

この講座では、今のお父さんに、少しでも元気を持っていただくための講座です。

さて、始まり、始まり。

一、概論

幸せな家族には、（**愛情**）と（**尊敬**）があります。

今、一般的には、〔愛〕を声高らかに言われていますが、実は、〔愛〕だけでは足りないのです。（**尊敬**）の念も大切です。

子供は、父親を（尊敬）の対象と見ます。母親を（愛）の対象と見ます。

夫婦は、お互いが相手の役割を、しっかりとできるように、相手を立てましょう。

お母さん、いいですか。

例えば、お父さんが、夜遅く酔っ払って帰ってきても、子供の前では、ぼろくそに、けなしたりするのは明日と言わず、今日からやめましょう。〔お父さんは、表では色々大変なことがあって、お酒でも飲んでいやなことを忘れたいのね〕と、広い気持ちで接してください。

お父さんを、子供の前ではしっかり立てることが大切です。

父親は、子供が、尊敬し、慕ってきますと、尊敬されるにふさわしい人間なるように、さらに努力します。

父親は、言葉と行動を意識するようになり、より良い父親になってきます。

父親は、子供から「お父さん」「お父さん」と慕われると、家庭の居心地が良くなり、外で大変なことや、不愉快な出来事があっても、暖かい家庭に戻ることで癒されます。

そして、父親は、家庭を大切にし、さらに、(尊敬)の念と(愛)に満ちた家庭になります。

父親は、仕事にも自然と身が入り、良い仕事をし、社会人として充実し向上します。そして、より良い社会が創られ、国全体が美しく豊かになります。


尊敬の念と愛情に満ちた家庭——

父親が良い仕事をする——

より良い社会が創られ、国が美しく豊かになる。

二、基本論

①お父さんは、子供を、**自信を持って自分の信念でしっかり、躾けてください。**

②お父さんは、子供の教育にはあまり熱心でなく、お母さんに任せる人が多いですが、**是非、子供と積極的に交流を持ちましょう。そうすると、子供は、情緒が安定した子供に育ちます。**

③**お父さんは、休みの日は子供と遊ぶ日にしましょう。**

人は、独身時代の休日の行動は、基本的には、自分中心で予定を立てます。趣味とか好きなことを自由にする習慣が、長く続いていました。

また、結婚しても、夫婦が、相談して自分達中心で、比較的計画的に行動できていました。

しかし、子供ができると、そうはいかなくなります。子供は、突然の出来事ばかりですので、両親は振回されてしまいます。例えば、お父さんが、午前中は子供と遊んで、午後からは自分の好きな所へ行く予定を立てたとします。ところが、午前中、遊んでいて出先で子供が、友達と遊びに夢中になって、何度言っても帰ろうとしなかったり、悪いことに、突然体調を崩したりして、予定が狂ってしまうこともあります。そうしたことが重なると、子供は、自然と母親任せになってしまいます。

〔そこで、提案です。ここは、お父さんは腹を据えて、可愛い子供の為に、自我を捨てましょう。休日は、子供中心で、遊ぶ日にしましょう〕

父親と過ごす時間が長かった子供は、落ち着いて話を聞くことができるようになり、しかも、我慢強い子供に育ちます。

④親が、子供に対してきつい態度で、きつい言葉で接していると、その子供は、他人に対しても同じ

ようにきつく当たるようになります。

しかし、**親が、子供に対して優しく接すると子供は優しさを覚え、優しい子に育ちます。**

⑤夫婦間においても同じことが言えます。

夫婦の間で、相手の失敗をいつも必要以上に、きつい言葉でけなしていると、それを見ている子供は、人に対しても、そういう接し方をするようになります。

（本書は、実に良いことを言っています）

例え、夫婦の間でも、相手を尊敬の念で接しましょう。尊敬していれば、相手を優しく包み込むような表現になるものです。

すると、相手も自然に、これからは気をつけようと反省します。そうすると、子供は、その優しさの表現を、身につけてくれます。

〔前者の、きつい言葉でけなしている夫婦の子供の場合〕

子供は、親が見たら、それはもう恥ずかしいぐらい、世間で親とそっくりの態度と言葉で、人に接していますよ。

〔お父さんの役割〕

母親も社会人として、立派に仕事をしている人もいますが、原則は、父親が、仕事をして一家を支えていかなくてはなりません。その際、父親は、社会人として必要な、様々の基本的なことを身につけていく必要があります。それは、時には知らなくて、失敗したこともあるかもしれません。

だからこそ、父親は、子供には、社会人として、身につけなければいけない基本を、教えようとします。

具体的に言葉で、ある時は行動で示します。

父親は、男の特性として、子供の未来を描き、その立場から教育します。従って、子供向けに優しく教えません。大人のそのままの考えで、「そんなことをしていると、大人になってから困るから、すぐにきちんとしなさい」

一見、子供には「難しく、また、厳しく」映りますが、記憶の所でお話ししたように、子供は、大人になってから、きちんと残っていて役に立ちますので自信を持って、男の特性で教育してください。

幸せと豊かさの扉　第十七

父親は、子供にお父さんとしての在り方を示す必要がある。それは、子供の健全な育成の為であり、将来結婚して家庭を持った場合の理想的な父親像を教えるため。

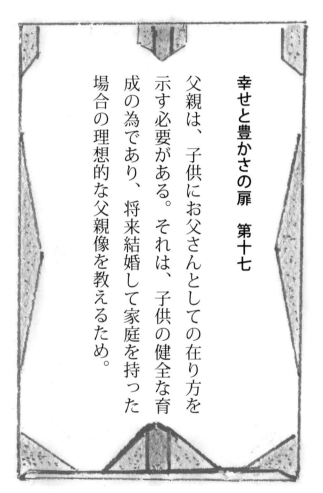

（一）自分の趣味を、家族と一緒に。

父親は、ついつい、子供が可愛いので、子供がやりたいという遊びを、付き合いで、しかも子供のやり方で、遊んでやることが多いです。

それはそれで、子供の成長ぶりを見られるのでいいのですが、時には、父親が、長年やってきた、得意の趣味の世界に家族を引きこんでください。

そうすると、子供は、

「お父さんって、上手だな」「すごいなあ」「かっこいいなあ」

となります。また、子供が、上手になるように教えてあげられ、子供に慕われます。

子供に尊敬されることは大切です。尊敬されると、父親も、それにふさわしい人になるように努力します。

私の父は、映画が好きで、それも洋画で、家の近くにいい洋画が来ると、矢も盾もたまらず、家族の都合も構わず、自分の都合優先で、映画館に連れていってくれました。

しかし、父の、その強引さが、また好きで、しかも、大好きなアイスクリームやおせんべいが食べられるので、喜んでついていきました。

子供なので、映画の筋が、わからなそうな時は、横の父が、察して周りに迷惑にならないように、小声で簡略に説明をしてくれました。

家に帰ってからも、映画の背景になった、フランス、英国、アメリカの政治、文化、社会を、説明してくれました。

〔お父さんは、何て、物識りなんだろう〕って感心したことを覚えています。子供の時はそんなふうには考えませんでしたが、今から思えば父親を尊敬したのだと思います。

もう一つは、大人になった、今から思い起こせば、映画なので、父、一人で言ってもいいのでしょうが、あえて、父は、家族を誘いました。

映画館に座って、しばらくすると、音楽が流れ、タイトルが映し出されてきます。これから、どういう映画が始まるのか〔わくわく〕してきます。

主人公が、やられそうになって、大変だ、どうしよう、〔ドキドキ〕します。

父が、このような、映画の面白さを、母と私と家族皆で、共有したいという気持ちが子供心に伝わり、父の愛情を感じたのだと思います。

（二）お父さんは、大切な人

家族は、子供に、お父さんは家族の中で、大切な人だということを、折に触れて示しましょう。

（こういうことを、改めて声を大にして言わなくてはならないなんて）何て悲しい現実。

子供と一緒に出かけた時。

お店で支払いになった時。

まして、子供の品であったら、子供からはわからないように、お母さんから財布を奪いお父さんが支払い、直接子供に手渡しましょう。

〔子供の嬉しそうな顔、お父さんを見る目、もう、たまりません〕

レストランで食事をした時。

いざ支払いの時、決してテーブルで、何回もじっと伝票を見て、財布から細かいお金を取り出して、数えたりしないでください。

女房に、

「二十円足りないのだけど、あるか」

なんて、間違っても、言わないでください。颯爽と、伝票を見もしないで一掴みにし、レジに行き、西部劇の早撃ちのように、財布を取り出し、さっと払いましょう。

〔男は決めるべき時は、決めましょう〕

女の人は概してけちなものです。だから、女の人は心理的に、自分と、同じけちな男を嫌います。あなたは、女房からは、惚れ直されるし、〔払いっぷりが、良いお父さんは〕、子供からは見直されるし〔一石二鳥〕です。

この場合、子供は、もしも、お母さんが払ってしまうと、元々は、お父さんからでたお金でも、お母さんが払っていると理解してしまいます。

・お父さんのありかた

私達の学校に通っている小学生も、お父さんが、どういう仕事をしているのか、良くわからない子が多いです。この前、可愛らしかったのは、小学生に、

「お父さんは、お仕事は何をしている人なの」

と、聞いたら、

お父さんが、家に持ち帰って、いつもパソコンを打っているのを見ていて、

「パソコンを打つしごと」

と、答えが返ってきました。結局は、お父さんは、貿易会社を経営していたのですが、その子供はパソコンを打つことが、仕事だと思っていました。

子供は、昔と違って、親の仕事ぶりを見る機会が少ないです。ということは、父親の、疲れきって帰ってくる精彩のない姿や、休みの日、ただ家で、ごろごろしている父親ばかり見ていることになります。

人が、広い意味で汗水流して真剣に、仕事をしている姿は美しく、貴いものです。

子供は、お父さんが仕事をしている姿を見る機会が少ないので、別の形で、父親の在り方を示しましょう。

〔一の趣味〕と、〔二の大切な人〕は、お父さんの在り方を、子供に見せる為でもあり、父親は、こうあって欲しいなという私の、希望でもあります。

そして、子供は、お父さんが社会に出て、働いて得たお金で、家族皆が、生活できるのだということを、少しずつ理解していきます。

第七節　子供の教育

一、親子、兄弟のありかた

最近の子供は、弟や妹が、兄や姉を「お兄さん」「お姉さん」と呼ばない子がいます。

では、何て呼ぶかというと、名前を例えば太一《たいち》、彩音《あやね》と、しかも呼び捨てで呼んでいます。

呼び捨てで呼ぶということは、兄弟が対等ということです。

第一章でお話しした通り、言葉は、とても大切です。

名前で呼んだり、呼び捨てで読んだりしていると、兄や姉を尊敬する念は、育ちません。

弟さんや妹さんは、「お兄さん、お姉さん」と、きちんと呼びましょう。

その良き習慣を続けると、自然に兄や姉を尊敬する念が育ってきます。

家族に、せっかく〔兄弟〕や〔姉妹〕という形態ができ、様々なことが学べる良い機会です。

心に関することでは、〔兄や姉は〕年下の〔弟や妹に〕優しく接してあげます。

〔弟や妹は〕年長の〔兄や姉に〕対して尊敬の念で接します。

また、上の子も下の子が尊敬の念で接してくると、愛情が深まり、下の子を暖かく慈しむ心が育ちます。

このように、良き循環で回っていきます。

両親も、上の子をたてて、下の子を優しくしてあげる。

社会に出てからの、上の人と下の人に対する接し方を自然に覚えていきます。

両親は、〔上の子の太一《たいち》君に〕、家事を助けてもらう。両親は感謝して、

「ありがとう、太一が助けてくれたので、とても助かったよ」

と、言ってあげます。そうすると家族の中の（お兄さん）という位置が確立します。

これも社会に出てからの、

〔頼まれた仕事をきちんとやる。そうすると、それに、ふさわしい社会的位置を確立できる〕

という学習ができます。

親世代は、いずれは次の世代に道を譲ります。

親は、子供の一生の面倒をみることはできません。兄弟は、ずっと同じ時代を生きていけます。


それでは、とても仲の良い兄弟のお話です。私の友人の川田は、弟博貴君と二人兄弟で九段下のビルで、出版社を営んでいます。

お父さんが創業した会社で、もう創業五十年になります。

役員は、お兄さんの川田が、二代目の社長で、小父さんが副社長、弟さんの博貴君が専務取締役で、社員は、営業の人と、編集の三人、経理の人で。合わせると計八人の少人数ですが、業界誌を発行し

ています。

何回もしつこいようですが、兄弟は、本当に、仲が良いです。

私と三人で、一緒に食事に行った時。

まず、最初に、私を、そっちのけで。すぐに二人の世界に入ります。

お兄さんは、メニューを見て。弟と二人きりで、

「おまえは、これが好きだろ、○○にしよう」

その間、私は、ただ、にこにこして二人を見ているだけ。

そのうち、飲み物の話に移り、お兄さんは、弟の好きなビールの銘柄まで、知っていて、注文しようとします。

その時、やっと、私の出番がやってきて話に、割り込みます。いつもこうです。

二人とは長い付き合いだし、食べることなので、小さい頃からの習慣が、ついつい出てしまうのだろうと、弟思いのお兄さんの心に、免じていいのではと好意的に、考えることにしています。

弟は弟で、先日、こんなことがあった。

私が、会社に遊びに行った時の話。

弟の博貴君が、六階の事務所の入口で、迎えてくれた。

「いらっしゃいませ」

「今日は、久しぶり、今日昼に来ることを、お兄さんには電話しておいたけど聞いていた」

「ええ、聞いていました。時間ピッタリですね」

「ほら、今日秋葉原の大型電気店に行ったので博貴君が以前に言っていた一階のブリオッシュのパンを買ってきたよ」

と、パンが入っている袋をかざした。とたんに博貴君の顔がわずかにほころんだ。

応接室に入ってから、

「川田を呼んで三人で昼飯にしよう」

川田が座るなり、

「いらっしゃい、辻、これは随分たくさんあるね」

「うん、ケンカしないよう同じ種類の三つ買ってきた、これは、ブリオッシュと言ったかな」

と、言いながら、パンを出し始める。すかさず博貴君が、

「これは、口当たりがふんわりしていて食べやすいです」

「こっちは間違いなくクロワッサンピッツァ」

と、私が言い終わるか否かに、

「うん、これはクロワッサンの生地で焼き上げたのでバターの風味がいいですよ」

思わず、私が川田の顔を見つつ。

「とにかく食べ始めよう」

「博貴、注文していたコーヒーもう来る頃だから見てきて」

立って、ドアーの所に行ったら、丁度お店の人が運んできた。

「おっ、川田、気が利くじゃないか。ここのコーヒーうまいもんな」

応接室の中は、食べ始めてようやく静かになった。

「辻さん、いいですか?」

「はい、どうぞ」

「えーと、このクロワッサンサンドイッチなんですけど、日本だけのメニューだそうで、日本人の好みに合わせて作ったんですよ」

川田が、微笑みながら口を開いた。

「博貴は、それにしてもよく知っているね」

「川田、博貴君は結局関心があるから頭にすぐ入るじゃないか。博貴君、仕事の方も是非その調子でね」

博貴君は、少し複雑な顔をしながら、

「トマト、卵、レタス、ああ、このツナが入っているのが、日本人に合わせたのじゃないですか。食べたという実感があります」

川田が調子を合わせるように、

「ああ、そうだ美味しい、美味しいよ」

「さあ、いよいよデザートだな」

と、私が言うと、博貴君が、食べ始めてすぐに、

「そうそう、これコクがあってクリームの食感がいいですね」

「こんなに、一つ一つ感心して、喜んでくれると買ってきた甲斐があるよ」

川田が、少し、間があってから腕時計を見て、

「辻さあ、食べるだけ食べといて悪いのだけど仕事で、出なくてはならないから——今、出ないと間に合わないからいいか、とてもうまかったよ、ごちそうさま、こういう昼飯も暖かみがあっていいね」

「ああ、私も楽しかった、仕事の方が大事だから、いってらっしゃい」

二人で川田を、見送ってから、

「辻さん、話ががらりと変わるのですが」

嬉しそうに、お兄さんの自慢話を始めました。

「兄が、この前、日本では大手の印刷会社の新情報を入手したんですよ。その情報で、兄は、株を一万株買って、それが、ものの見事にずばり値上がりして、売り逃げて、上手く儲けたんです」

まあ、良く聞いてみると、弟さんは、お兄さんが、儲けたことよりも他の人が誰も知らなかった情報を、私のお兄さんが、特別入手できたこと、そのことがすごいでしょう、と自慢したかったらしいのです。

「だけど、水を差すようで悪いけど、その情報は、印刷会社の社員から知り得た情報でしょう。かなりの確率で、インサイダー取引に当たり法律に触れる可能性高いよ」

と、私が言ったら、弟さんは、とたんに、しゅんとなってしまいました。

その後、弟さんが、あまりにもがっくりしているので、私が、「ある言葉」をかけて慰めたので、少し元気を取り戻したようです。

兄弟で、一緒に同じ仕事をすると、なかなか、上手くいかない例の方が多いのですが、二人の場合

は、とてもうまくいっています。

しかも、子供の時の仲の良さが、ずうっと続いています。

とても、ほほえましいです。

私が、思うに、
何よりも一番は、ご両親の教育の賜物だと思います。

二番目は、お父さんが、わりと早く亡くなったので、十歳違いのお兄さんが、お父さん代わりになって可愛がり面倒をみてきたこともあるとは思います。

三番目は、仲がいいと言えば、兄弟は、結婚してもよい歳なのですが二人共に独身で、家庭が無いので、余計二人きりで自由気ままにやっているわけです。

しかし、二番目、三番目のことがあっても、世間一般の兄弟全てが、仲が良くなるとは限りません。

やはり、両親が、小さい頃から、お兄さんに対して、弟への暖かい思いやりを持って接するように教育をし、弟に対しては、兄を尊敬の念で接するように教育をした、成果だと思います。

両親は、次にお話しすることは、重要なので是非とも心得てください。

①子供の教育をするのは、学校ではありません。子供が小さい頃から、両親がしっかりと教育すべきです。このことは、絶対に正しいです。
(私共も、スポーツ学校ですので、自分達から言うのは、少しまずいかなと思いつつ話しています)
②両親は、子供の言動で、これは違うなと判断したら、まだ、小さいからいずれ治るだろうと思わず

に、すぐに教えてください。悪い習慣が長く続くと、それを直すのは大変です。

二、子供の教育

両親は、子供に、次のことを優しく噛み砕いて、教えてください。

｛**人は、自分では、論理的に考えられると思っています。でも、実は、心に左右されているのです**｝

さらに、そこに、感情の揺れが入ると、益々狭くなり非合理的な考え方になります。

ここで、面白いのは、感情の揺れの悪い方の、｛悲しさ｝等もそうですが、いい方の｛楽しいこと｝でも、嬉しさのあまり間違った考え方をしてしまうこともあります。

両方の例をあげます。

①人は、**緊張する**と狭い視点になり、考え方も狭くなります。
②人は、**怒り**の感情が入ると、非論理的になります。
③人は、**危機の状態**を迎えると、冷静な判断ができにくくなります。｛地震とか、火事の場合がそうです｝
④人は、**嬉しいこと**があると、嬉しいことに、とらわれてしまい、忘れ物したり、言い間違いをしたりします。

小さな幼児は、当たり前ですが、自分のしたいこと、言いたいことを周りの状況を全く考えずに行動に移します。

例えば、幼児は、人が大勢乗っている電車の中でも、自分の思い通りにならなければ人の迷惑を考えず、わんわんと、泣きます。

少し成長して、児童になると、今の状況が、どうなのか少し判断できるようになり、まあまあ適切な行動ができるようになりますが、時には、自分のしたい方向に行ってしまいます。

例えば、児童が、自転車で、三人一列で走っていて、前の子二人がパーっと十字路を突っ切って走ってしまうと、遅れまいとそのことに心が奪われてしまい、十字路の左右も見ずに渡ろうとして、車にひかれてしまった、ということもあり得ます。

◆人生の教典　第十

人は、幸せに向かって生きている。

幸せとは、言い換えれば、人生の喜び。

結局、大人になるということは、いい人生を目指すということ。

いい人生とは、自分のことよりも、人様にいかに幸せになってもらうかを目指す生き方で、真の大人になる第一歩。

そんなに難しいことではなく、日々の生活の中で、人様のお役にたてるように心掛けること。

こう話していくと、自分自身の幸せではなく、人様が幸せになったり、人様のお役にたてたりで、
自分は損しているように思えるかもしれない。
ところが、人様を喜ばせていると、自分の周りの人が、幸せになり、
幸せな人に、囲まれると自分も幸せになれる。

私達も、スポーツの学校を開いてから、人様の為に少しでもお役にたてるようにと、努力してきました。

＊生徒の中には、とても個性の豊かな方もいます。

また、体の不自由な方もいます。どんな方でもより良くなってもらえるよう努めてきました。

私達の先輩の方が、力を貸してくれ、その、お陰で学校が、少しずつ、大きくなってきました。また、私達も幸せな日々を、過ごさせてもらっています。

＊私達が、もしも、反対のことをしていたら、どうなっていたでしょうか。

理解が速い生徒のみを教え、できの悪い生徒は、無視したり、マナーの悪い生徒は退学させたりしたらです。

退学させられた生徒は反省をせず、他の所で、同じことを繰り返すかもしれません。

事実、こういうことがありました。

私と幼い頃から、スポーツを一緒に練習してきて将来を一緒に夢見た、とても仲の良い友達のことです。

友達は、せっかく良い質実剛健の校風の一流高校に入学したのですが、一年もたたずに、高校を退学させられ、拠り所を失った友達は、まだ十六歳で若すぎたこともあり、坂道をどんどんと下るように、一般の社会人とは、全く違う道に行ってしまいました。

私が、その友達の両親と会うと、

「孝ちゃんみたいにスポーツの道にあのまま、真っ直ぐ進んでいれば、家の子も、孝ちゃんみたいになれたのに……、この頃は、家にも、全く寄り付きもしなくなった」

と、両肩を落として嘆いていました。

私も、友達が私と同じスポーツの道に進んでくれていたら、どれだけ心強かったか、また、同じ喜びを共有できたのに、とても残念です。

人は、誰でも、長所があり、美点があります。

その人が、身近にいれば学ぶことができます。

このように、例え、学校の運営に滞りができても、人の細かな所ばかりを観ないで、大きな視野で人を観ていき、その人が、より良い人生を歩めるように手助けをすべきです。

結局は、まわりまわって自分達も幸せになれます。

それでは、ここで、本節の「子供の教育」の根源的意味を広い視野で考えてみましょう。

子供は、一人で生まれてきません。両親がいてこそ生まれてくるのです。

一般的には、両親のもとで大切に育てられます。その子供は、すくすくと成長し、大人になり、社会に巣立ちます。

つまり、あなたの子供は、現在、あなたが毎日生きているこの世界を、そして未来の世界を、より良くしていくのです。

さらに言いますと、両親は、未来の世界を創造していく人達です。

〔ここで一休みしましょう〕

親の愛についてお話しします。

親が子に対する愛情は唯一絶対のものです。

恋人同士の愛なんか、いつ壊れるか全く当てになりません。

夫婦の愛は、……これは、まあなんていうか、目の前に○○が、ちらついてきたので言うのを控えさせていただきます。

親が子に対する愛は深いものです。

例えば、恋人とレストランに行った場合で、二人ともとてもお腹がすいている時、好きな食べ物を先に運んできたからと言って、相手が一人でパクパクと食べ始めたら、いくら恋人でもあまり嬉しくはありません。

また、自分が大好きなケーキを、女房が一人で食べていたら腹が立ちます。

しかし、自分が好きな食べ物が、たまたま一つしかない場合でも、親は、子供がその食べ物を、全部一人で食べていてもその姿が、嬉しそうで、とても幸せそうに食べているのを観ると、自分は食べなくても、幸せになれます。

親子四人で、山登りをしました。突然、嵐に遭ってしまい、やむを得ず山腹の洞穴に避難しました。しかし、嵐はやむどころかどんどん強くなり、結局二日間も洞窟から動くことができず、救助隊も来ず、持っていたビスケット類も底をつき、水も最後になり、後、二杯分しかありません。

その時、親は、自分が飲みたいのを我慢して子供達二人を優先して、最後になった水を、子供に渡します。

親は、子供達二人は、喉が、からからに乾いているので、本当においしそうに最後の水を飲みほしている、子供の姿を見るだけで、ホッとし心が満ち足ります。

第八節　第二章のわかりやすいまとめ

第一節　教えの庭

体験から学ぶことも大切です。

第二節　頭が良いとは

あなたが、幸福になる為に重要なことは、洞察力を身につけることです。物事の、表面だけとか現象面だけに、とらわれずに、物事を奥深く見抜くことです。

第三節は、記憶です

人間の記憶は、自分が思っているよりは、ずっと不正確なのです。それこそ、このことを覚えておくと、明日から、あなたの長い人生の中の色々な場面で得をします。

第四節　洞察力を磨く

人の心の不思議さを、実際の人生の様々の場面で、今までより、強く鋭く突っ込んで洞察していくと、人間の面白さがわかります。そうすると、人生が、もっともっと面白くなり、楽しくなります。

第五節　幸福の物語

私も、本当に『十五少年漂流記』の本をもらうまで、全く、毛ほども堀内君のことを覚えていませんでした。あなたも是非、この、記憶の様々な面白さを味わってください。

第六節　お父さんの幸せ講座

本書を読んでいるお母さんは、ご主人に、独身の女性は、未来の旦那さんに読んでもらってください。

この節の大切なことは、

①父親は、子供から尊敬されるにふさわしい人になりましょう。

②子育ては、父親と母親の各々の、特性を生かして育ててください。

母親は、子供に、溢れるばかりの愛情で接し、育みましょう。

父親は、信念を持って（厳しさ）を教えてください。

第七節　子供の教育

子供は、世界を、より良くしていきます。

両親は、未来の世界を、より良くしていく人達を育てていきます。

※すべての登場人物名は仮名です。

【著者紹介】

辻　孝之助（つじ　こうのすけ）

東京、御徒町に生まれる。

明治大学経営学部経営学科卒業。東京のスポーツクラブインストラクターを経て、アメリカに渡り、USTAライセンス取得。帰国後、USPTRプロフェッショナルライセンスを取得。

オーストラリアプロコーチング修了。東京にて、スポーツカレッジを創設、現在に至る。

その間、人間学の探究のため、スポーツ心理学、心理学、社会心理学を学び、正木一刀流を修行する。

近年、健康体力作りに最適のスポーツ｛フラッシュボール｝を、日本で最初に創設し、全国に、普及活動をしている。また、カレッジに｛幸せ文庫｝を創設し、良書を通じて｛人々の幸福｝の為に、微力ながら貢献している。

平成26年2月に、日本テレビに、8月にはフジテレビにも出演する。

スポーツカレッジの創設理念は、本書の「幸せと豊かさの扉」と同じ、「あなたも、そして、多くの人々が、幸福になることに貢献する」

日本健康体育協会専務理事。

主な著作に『マナーとルール』『京都の花と寺院』等がある。

〒112-0004　東京都文京区後楽2丁目15番3号

日本人《にほんじん》の大切《たいせつ》な心《こころ》　──幸《しあわ》せと豊《ゆた》かさの二十九《にじゅうく》の扉《とびら》　上巻《じょうかん》──

2017年4月27日　第1刷発行

著　者 ── 辻《つじ》　孝之助《こうのすけ》

発行者 ── 佐藤　聡

発行所 ── 株式会社　郁朋社《いくほうしゃ》

〒101-0061　東京都千代田区三崎町2-20-4
電　話　03（3234）8923（代表）
ＦＡＸ　03（3234）3948
振　替　00160-5-100328

印刷・製本 ── 日本ハイコム株式会社

落丁、乱丁本はお取り替え致します。

郁朋社ホームページアドレス　http://www.ikuhousha.com
この本に関するご意見・ご感想をメールでお寄せいただく際は、
comment@ikuhousha.com　までお願い致します。

 ISBN978-4-87302-634-3 C0095